どうしたら、人生は楽しくなりますか？

14歳からのメンタルヘルス

日本メンタルヘルス協会
心理カウンセラー
林恭弘

HOREI

この本は、２００８年・東京都内私立中学校にて実施《じっし》された講演会に参加してくれた中学2年生の生徒さんからもらった質問にたいし、回答した原稿《げんこう》をもとに編集されたものです。

その数々のたいせつな質問なくして、この本が誕生することはありませんでした。すばらしい質問をくれた14歳の僕の友だちに、この場をお借りして感謝の気持ちを伝えたいと思います。

まえがき　きみは自分のことが好きですか？

きみがこの本を手にとり、このページを開いてくれたことが僕にとってはうれしいのです。

だって、きみは自分のことについて考えてみようとしているからです。

人は**自分のことについて一生懸命《いっしょうけんめい》に考え、悩んでみること**が必要です。

そのことではじめて**自分を創っていくことができる**のだから。

親や先生や社会から認められるために勉強やスポーツをがんばることも大切なことです。だって、そのことできみも自信が持てるからです。

でも、そういう「他人から見た自分」だけで、きみを計《はか》るのではなく、**「自分で自分を見つめて考えてみる」**ことがとても大切なことです。

それは「他人が決めたきみ」ではなく、**「自分で決めたきみ」**だからです。

「他人が決めたきみ」では、きみは自分のことを好きになれないと思います。いつも他人の目を気にして、自分のことを決めるからです。

でも、「自分で決めたきみ」なら、きっときみは自分のことを好きになれるはずです。自分のことを大切に考え、自分について決めるからです。

それを「自尊心《じそんしん》」と言います。

この**「自尊心」が、人生を楽しんで過ごすためには、欠かすことができないもの**なのです。

さあ、この本で取り上げたさまざまな質問をくれた14歳の中学生たちと、きみも「自分について」一緒に考えてみようよ。

装丁：森デザイン室　森裕昌
組版：横内俊彦

章

の悩み

将来、勉強、

1 自分関係
感情コントロール、スポーツ……

章
の悩み
恋愛……

Q27
親とのコミュニケーションは、どのようにとるのですか？
P.112

Q28
私の祖父母は、高齢で病気のために入院しています。父と母はいつもフラフラになりながら看病しています。そんな様子をずっと見てきたので、二人のお見舞いに行っても、接し方がわからなかったので、最近父に「お前には愛がない」と言われ、それで悩んでいます。
P.115

Q29
「気の合わない人」と、うまく会話するにはどうすればいいですか？
P.119

Q30
「知らない人」と、うまく会話できるようになるにはどうすればいいですか？
P.122

Q31
小学校のころの友だちが、離れていくのを感じるのですが……。
P.124

Q32
友人に軽いはずみですぐ皮肉や、憎まれ口をたたいてしまうのですが、何とか直す方法はありませんか？
P.126

Q33
周りの友だちから頼みごとをされると、断るのが悪いような気がして、つい引き受けてしまいます。みんなにも「人がいいよね」とよく言われます。うれしいことなのですが、人がよすぎるのもよくないのかな？とも思うし、私も結構つらいなと思うことがあります。どうすればいいですか？
P.128

Q34
以前、仲のよかった友だちに裏切られました。それから人を100パーセント信用できない自分がいます。また裏切られたらどうしようと思うと、すごく怖いんです。どうしたらいいですか？
P.131

Q35
自殺願望があって、以前にリストカットしようとしていた子がいます。その子とは学校以外で会うこともよくあるのですが、そのときは明るいのですが、学校に戻るとまた暗くなってしまいます。どう私は切り替えて、接すればいいのですか？
P.134

Q36
私は他人に合わせて「よく思われたい」という気持ちが低めなので、高い友達（部活の先輩に尽くすなど）と、一緒にいるとイライラすることがあります。どうしたらうまく付き合えますか。
P.136

Q37
彼女に夢中でしかたがありません。どうすればいいのでしょうか？
P.139

2 人間関係
親、友だち、

Q38
最近自分がわからない。時々、この人を好きかどうかもわからないし。友だちと遊ぶときもほんとうは遊びたいのか、遊びたくないのかも、わからないときがあります。なんか自分の気持ちに素直になれなくて。けっこう気をつかっちゃったりするのですが、こういうときって、どうすればいいのですか？小学校より中学校になって、こう思うことが多くなりました。
P.142

Q39
友だちなどから、よく悩みを相談されます。自分はあまり悩まない方なのですが、たまに、何て返事をしてあげたらいいのかわかりません。また、自分でもポジティブだとは思うのですが、友だちから「あまり考えてなさそう」などと言われます。そうすると、自分の悩みが小さく感じてしまいます。
P.145

Q40
今、部活の中で少し割れちゃっている気がします。ミーティングをしていても発言するのは同じ人で、それ以外の人は、「どーでもいい」と思っているそうです。でも同じ部活の部員をしていて、チームワークが大切だし、仲良くしたいのですが。直接言っても、陰で言われるのなら無意味かと思います。どうしたらいいでしょうか？
P.148

Q41
友人に迷惑をかけて、「相手は私のことをどう思っているのだろう」と思って、悩むことがあります。どう対応したらよいでしょうか？
P.151

Q42
部活で、最近人間関係がうまくいきません。自己主張ばかりして、人の意見を聞いてもらえないのです。どうやったら、話を聞いてもらえるようになりますか？円滑に人間関係を進められますか？
P.153

Q43
どんな人とでも、仲良くなるにはどうすればいいですか？
P.155

Q44
友だちってなんですか？友だちに定義ってありますか。ずっと気を遣っている相手は友だちですか。独りじゃいけないんですか。友だちは必要ですか。なぜ周りは群れをつくるんですか。
P.158

Q45
母に対しての気持ちが、今「ウザい」なんです。自分を生んでくれて、今まで育ててくれたのに。言うことが突然変わったり、悪いことは言っていないのに、いきなり怒り出したりもします。怒っているときはスルーしてあげたほうがよいのでしょうか？もう、何が何だかよくわかりません。自分もそれですごくストレスがたまっています。
P.165

Q46
男は絶対に浮気するってほんとうですか？
P.168

Q47
そこまで話さない人と、どうしても仲良くなりたいです。どうすればいいですか？
P.171

Q48
恋って罪ですか？
P.175

章

の悩み

愛、死……

3
人生
人間、生き方、

1章　自分関係の悩み

感情コントロール、将来、勉強、スポーツ……

Q01

私は部活に所属していますが、
がんばっても、人よりうまくいきません。
また、途《と》中《ちゅう》であきらめてしまいます。
どうすればいいでしょうか？

スポーツをする限りは「上達したい」、「レギュラーになりたい」、「活躍《かつやく》したい」という気持ちがあるのは当然のことですね。そしてうまくいかないと、あきらめてしまいたくなるのもよくわかります。

僕は小学生のころから野球が好きで、友だちとチームをつくって練習や試合をしていました。ポジションはピッチャーです。そのころから肩が強く、みんなの中でも一番早いボールが投げられたからでしょう。

そして中学に進学し、やはり野球部に入部したのですが、自分よりも早く遠くにボールが投げられる先輩や同級生、バッティングがうまい人、ルールをはじめ試合運びをよく知っている人など、自分よりも優《すぐ》れた人と出会い、ショックを受けた記憶《きおく》があります。何とかがんばって、2年生の終わりにはレギュラー・ポジションをとれたのですが、試合で活躍したことはあまりなかったように思います。

高校からはテニスに興味を持ち、大学時代、そして今現在も続けています。しかし、やはり全国大会に出場するなどといった活躍をすることは、まったくありませんでした。

今思い起こしてみると、中学生ぐらいから運動能力に関しては「能力が高い」か、そうでないかがはっきりと出てくるような気がします。

きみの周りにも「抜群《ばつぐん》にうまい人」がいるかもしれませんね。そういう人は、運動能力も高くその競技に素質がある（合う）ということでしょう。

もちろん練習やトレーニングによってみがかれる部分も多いのですが、高校、大学と進むにつれその差はますます広がってきます。

ですから、がんばればイチローのようになれる、マイケル・ジョーダンのようになれる……というわけではありません。

彼らは類《たぐ》い希《まれ》なる才能をあらかじめ持ち、それを早くから見つけてくれた人（親やコーチ）がいて、練習する環境もよく、本人もかなりの努力をしたはずです。つまり彼らは「特別である」一握《ひとにぎ》りの人たちです。

もちろん、きみはそのようなプロフェッショナルを目指してはいないのでしょう。そして今のきみが一番求めていることは、「そのスポーツを楽しみたい」ということではないのでしょうか。

スポーツを楽しむとはどういうことかというと、**「人より優れていることがひとつでもある」↓「だからチームの役に立つ」↓「試合に出られる」↓「自分が活躍する、**

あるいは誰かをサポートできる」ということではないでしょうか。

そして、このような順序をとおして、**「自分は必要とされている」という実感が楽しい**ということではないでしょうか。

だからまずは「人より優れていることがある」から、はじめるのもいいでしょう。

それは野球の場合なら、出塁《しゅつるい》する確率でもいいし、足の早さ、スローイングの正確さ、送りバントの成功率、相手チームのサインを見破ること、ベンチのムードづくりなど何でもいいわけです。

その中のひとつだけを人より意識し、人より練習することで「そのひとつ」は確実に上達します。それがきみの自信にもなり、チームを助けることにつながります。

「すべてにおいてうまくならなければ」ではなく、**「ひとつからはじめてみる」**ことは大切なことです。

ちなみに、僕は野球でもテニスでも大活躍したことはなかったけれど、今でも野球とテニスが大好きです。

きみも、そのスポーツが好きだ、という気持ちが大切かもしれませんね。

Q02

どうやったら、スポーツのメンタル面を強くできるんでしょうか？

まず、「メンタル面で強い」ということは、**「動揺《どうよう》しない」**ということと**「自信がある」**ということです。

練習ではすばらしいプレーをしていても、本番の試合では実力を発揮できない人がたくさんいます。その人たちの共通点は、「練習と試合とでは別人である」ということです。

それはなぜかというと、練習ではプレッシャーもさほど感じることなくプレーができますが、本番の試合などの特に競っている場合は、たいへんなプレッシャーを感じてしまいます。そのような場合では「動揺し」また「自信が持てなく」なります。

そうなると本来の実力をまったく発揮できません。**「うまい」ことと、「強い」ことは別で、メンタル面で強い人は本番でも結果を出していきます。**

メンタル面の強化をするには、**練習のときからプレッシャーのかかる状態をつくる**ことです。ミスをしたら腕立てふせ10回、あるいは走るなどのペナルティーをつくって、緊張《きんちょうかん》感がある本番になるべく近づけるようにします。

プレッシャーのかかる状況《じょうきょう》でプレーをする体験を数多くすることでしか、メンタル面は強化できません。体験を数多くすることで、人間はその状況に慣《な》れてきます。

そうすると必要以上に動揺したり、本来の自分を失い自信喪失《じしんそうしつ》したりすることも少なくなってきます。

このことは、受験や面接でも同じことが言えるでしょう。あるいは人前でスピーチすることや、好きな人に告白するときにも役立つはずです。

要は経験と、その繰り返しということでしょう。

Q03

自分が今、どのスイッチ（心の状態）に入っているか、よい判断方法があったら教えてください。

人間は（僕も含めて）、今この瞬間の自分を分析することはできないでしょう。自分に気づくのは常にその後です。つまり、何かをしたり言ったりしてしまった後から、「ちょっと厳しすぎたかな」と思うわけです。

直後に気づいてそれに対して後悔《こうかい》しているのなら、すぐにフォローもきくかもしれませんし、ずいぶんたってから気づいたのだとしたら、フォローできないかもしれません。カウンセラーでさえ、すぐには自分のことに気づかずに、後悔することだってあるのですよ。

でも「自分はどのスイッチに入りやすいのかな」ということを、少しでも意識していると「言いすぎ」や「やりすぎ」はかなり防げるようになります。

そして人と話す前に「今日は優しく話しかけてみよう」、「冷静に話しあってみよう」、「明るく接してみよう」などと、**意識してスタートすることで自分をある程度コントロールすることもできます**。

うまくやれないこともたくさんでてきますが、ちょっと自分を意識するだけで少しずつ自分がわかってきます。

Q04

自分はすごく感情的になってしまうのですが、どうやって抑《おさ》えればいいですか？

感情的になることは、けっして悪いことではありません。

「喜《き》怒《ど》哀楽《あいらく》」という感情は、人間しか持っていない感情で、それを味わえるのはすばらしいことでもあります。

しかしきみがもし、「感情的になるのがつらい」と言うのであれば、それは喜怒哀楽の中でも「怒り」の感情ではないでしょうか。

怒りの感情は自分でもつらいものですし、それを相手にぶつけると人間関係のトラブルにもなります。だから怒りの感情を抑《おさ》えこんで、完全にコントロールできればいいのですが、そうはいきません。

人間は感情の動物ですので、容易に喜怒哀楽を自在に操《あやつ》ることは不可能なのです。そして、感情を抑えこむことは心を不健康にしてしまいますので、抑えこむ必要もありません。

しかし「怒り」の感情を受け入れ、今までよりも早く切り替《か》えることならできます。

心理学では、**「怒り」という感情は「第2の感情」**ととらえています。

つまり、「怒り」の前には「第1の感情」があるということです。

たとえば友だちと待ちあわせをしましたが、相手が約束した時間に大幅《おおはば》に遅れたとします。きみがその相手に怒りをぶつけたくなったとしたら、それは相手に対してまず「期待」があるからです。

それは「時間どおりに来てほしい」、「自分との約束を大切にしてほしい」などの期待です。しかしその期待が満たされないことで「不安や心配」、「がっかり」、「さみしさ」、「悲しみ」などが「第1の感情」です。

そしてその感情こそが、きみの素直な気持ちです。だから怒りを感じたときには**「第1の感情」を考えてみることで怒りは静まりやすくなり、気持ちの切り替えができる**ようにもなります。

そして相手には、「ああ、来てくれてよかった。待っている間に不安になってきてどうしようかと思ったよ」と伝えると、相手も嫌な気分にならずに謝ることができますし、きみ自身も素直な気持ちを伝えたことで満足できるはずです。

Answer04

Q05

心理カウンセラーという仕事に興味を持ったのですが、どんな勉強をして、どんな資格があるのですか?

ここではまず、**〝心理学者〟と〝心理カウンセラー〟の違い**について、まずは確認しましょう。

〝心理学者〟になるためには、これは心理学以外の学問分野でも同じですが、まず大学で心理学を専攻し卒業します（心理学士）。

大学院で修士課程《しゅうしかてい》（心理学修士）をおさめ、そのあと博士課程《はかせかてい》も修了することです。

そこで〝心理学博士〟という称号《しょうごう》を使うことができます。これが日本でのいわゆる〝心理学者〟という立場になります。

心理学博士の称号を得るためには、自分で決めたテーマにおいて実験や研究をすすめ、それらを論文にまとめ提出し、学会において優秀な研究成果として認められなければなりません。

それは「難しいか？」と聞かれると、かなりの努力が必要であることは確実でしょう。しかしその努力は、「つらいことか」というと人によって違うはずです。

実験や研究、論文を書くことが嫌いな人にとっては拷問《ごうもん》のようにつらいでしょう。しかし確かに実験や研究、論文を書くことはたいへんでも、興味を持って追及《ついきゅう》していく人にとってはむしろ喜びにさえなるはずです。つまり好きなことをしているときは、

Answer05

たいへんでも楽しくやりがいを感じるものです。

ちなみに僕自身は大学卒ですが、外国語学部（イタリア語専修）を卒業し、商社勤務から社会人をスタートしました。ですから心理学者でもなければ、心理学士でもありません。

もちろん、〝心理カウンセラー〟という仕事をするために心理学は学びましたが、「心理学者」という研究者ではありませんから、人々の役に立てるだけの知識や技術があれば充分です。とは言っても、**心理学者とはまた違った能力**が必要になりますので、やはり努力は必要です。もちろんその努力は僕にとってはたいへんでしたが、つらい努力ではなく、楽しささえ感じましたよ。

さてつぎに、〝心理カウンセラー〟になるためには、どういったことが必要になるかを見てみましょう。今現在、日本では心理カウンセラーに関しての資格制度はありません。つまり極端に言うと、「自分は心理カウンセラーです」と語った時点からなれるということになります。

このように資格もなければ免許《めんきょ》もないという立場では、成功するためには能力と実

Answer05

績が必要になります。つまり**「社会的信頼《しゃかいてきしんらい》」**ということでしょう。

しかし、いきなり能力も実績も得ることができませんので、まずは社会的信頼をたくさん集めている心理カウンセリングの団体に所属し、実力をつけることが正攻法《せいこうほう》と言えるでしょう。

必要な勉強はというと、基礎的な心理学の知識は必要ですが、それよりも**会話の中で相手の気持ちをくみ取る感性**や、社会の中で生きている**さまざまな人たちの状況や気持ちを察すること**が大切となります。

そのためにはさまざまな人たちと出会い、かかわることが必要でしょう。またきみ自身がさまざまな体験をすることが、心理カウンセラーの仕事にとっても深みを増すこととなります。失敗や挫折《ざせつ》、つらいこと悲しいこともたくさん経験し、だからこそ悩んでいる人の気持ちが深く理解できるようになります。人は、**つらい思いや、悲しい思いをするほどに優しくなれます。**恐れずにたくさんの経験をしてみてください。

また、心理カウンセラー以外の「心理職」には、臨床心理《りんしょうしんり》士《し》や精神科の医師などがありますが、くわしくはインターネットや書籍などを参考にしてみてください。

しかしいずれにしても言えることは、どのような資格を取得しても相手のことを思う温かい気持ちや、相手を援助できる能力がなければ司法試験に合格しても、医師免許を得ようとも、「資格では食えない」と言うことでしょう。

ですから知識を身につけることはもちろんのこと、きみ自身の熱い気持ちや優しい心をみがき続けてくださいね。

Q06

他人に合わせてよく思われたいという
気持ちが強くなると、
ネガティブになっちゃうから、
よい方法を教えてください。

たしかに、他人に合わせようとする気持ちが強くなると、他人の目を意識し過ぎて自分を出せなくなってしまい、ストレスをためることになります。

しかしある程度は、その気持ちを持っていないと社会生活の中で、他人とうまくバランスを取ってやっていけないので、とくに問題はないかと思いますよ。

人間は誰でも、周囲の人や社会に適応して生活や仕事をしています。だから人の目が気になるわけですが、そのことでバランスが取れているのです。

そしてとくに思春期においては、勉強やスポーツ、容姿《ようし》など他人と比較し、それがとても気になる時期です。だから気になっても、落ちこむ必要はありませんし、ごく自然なことで順調にいっているということでもあります。ただし、しんどいのはもちろんのことです。

過剰《かじょう》に他人に合わせようとする気持ちをコントロールするには、冷静な心でもって点検することです。「他人は他人、自分には客観的に見たとするならこのようなよいところがあって、自分と他人は違うのだ」という、冷静な自己分析眼です。

しかし人間は若いときにはとくに、自分になかなか自信が持てずに劣等感も強いので、冷静に自分を見つめることは難しいものです。

Answer06

僕もその劣等感からほぼ解放されたのは30歳を超えてからかもしれません。人間はみんなそういうものです。

ただ、30歳までとはきみにとってはあまりにも遠い未来ですので、今できることは「自分のよいところを見つける」ことでしょう。

おしゃべりがうまいなら「人を楽しくさせることができる」、口下手《くちべた》なら「人の話をたくさん聞いてあげることができる」。

長所と短所はいつも背中合わせです。だからどんな人にも必ずいいところ、すばらしいところがあります。

他人と比較して、勝っているところだけを見て優越感を持つのではなく、一般的に劣っていると言われるところに、必ずきみのよさがあるものです。

世間の評価だけで決め付けないでくださいね。みなさんには、すばらしいところがたくさんあります。

Answer06

Q07

いじめられて嫌な気持ちになって、
ためこんでしまい、
でも、誰にもそういうことが言えなかったら、
どうすればいいのでしょうか?

いじめはとてもつらいものです。いじめられると、孤独感《こどくかん》と疎外感《そがいかん》を感じます。

この孤独感と疎外感が、人間のもっともつらいことなのです。

いじめられたときには、ぜひ先生や家の人に打ち明けてくださいね。

「いじめられる方にも原因がある」などと馬鹿なことを言う人もいますが、そんなことはありえません。いじめは卑劣《ひれつ》で、人間の弱さでもあります。

でもキレイごとだけではなく、現実にはいじめは残念ながらなくなることは難しいのかもしれません。なぜならば人間は未熟でおろかで、弱いところをたくさん持っているからです。

それは誰かをいじめることでうさ晴らしをしたり、一時は自分が優越感《ゆうえつかん》を持てたりするからでしょうか。でもそれは全部いじめる人間の抱えている問題で、いじめられる方には問題はないのです。

しかしそうは言っても、いじめられてもなかなか打ち明けることができない人が多いものです。なぜならば、いじめにあうことはとてもショックなことで、まさか自分がいじめにあうなどということを受け入れることができないからです。とてもみじめな気持ちになるからです。

Answer07

人間はちょっとショックなことであれば打ち明けることができますが、**ほんとうにしんこくなことは、打ち明けることができないもの**です。

でもね。いじめられるということはきみのせいでは決してないので、ぜひ家族や先生に打ち明けてください。

きみを大切に思っている人がたくさんいます。その人たちに打ち明けて、聞いてもらうだけでもきっと心は救われるからです。

Answer07

Q08

どうしたら優しい人になれますか?

Answer08

これもまた、大切な質問をいただきありがとう。

そもそも「優しい人」とは、どのような人かを考えてみる必要がありそうです。

そのうえで、心理学には「精神分析学」という考え方があって、その中での「愛の定義」が参考になるかもしれません。その定義とは、「愛とは、相手のために、相手本位に時間を与えることである」。

つまりは、家族や友だちをよく見ていて、落ちこんでいたり、元気がなさそうだったりするなあと、きみが感じたときには、「何か元気がないような気がするけれど、どうしたの？」などと一声かけて、そして時間をかけて話を聞いてあげることなのかもしれません。

優しい人は自己中心的な人ではなく、**大切な人の様子をよく見て、気持ちを理解しようとする人**だと僕は思います。

でも、「どうしたら優しい人になれますか」という質問をする、きみが充分に優しい人だと僕は思います。ありがとう。

Q09

好きな人がいるのに、
自分が好きではありません。
どうすれば自分を好きになれますか?

だれかを好きになるということは、きみから見た**その人のよいところを意識し、こちよさを感じる**ということです。

それは相手の容姿であったり、または性格であったり、あるいはスポーツや勉強が得意なことであったりします。それは異性に対する恋愛感情であっても、同性に対するあこがれの感情であっても、とてもすばらしい感情です。

さて、ここでの質問は、「どうすれば自分を好きになれるのか？」ということですが、自分を好きになれないとすれば、**「自分のよいところを意識できない」**ということです。

さらに「自分の嫌なところ」にばかり意識があたると、自己嫌悪になります。

このように自分のことを好きになれないときや、自己嫌悪になるときは、**自分に対する理想が高く、今の自分とのギャップが大きくなっている**ことがあります。

とくに中学生や高校生の時期は、将来の自分に対する期待が大きいだけに、自分に対する理想も高くなり、なかなか自分にＯＫが出せないものです。つらい時期ではありますが、自分に対する期待があるということは、とても大切なことです。

しかし、自分に厳しすぎるのはよいことではありません。自分の嫌なところばかり意識しすぎると、どんどん自信をなくしてしまうからです。

ではどうすればいいのかというと、**今日の一日でよかった出来事や自分がやれたことなどを、夜寝る前にでも思い出して整理してみる**ことです。

それは大きなことではなくてもいいので、小さなよかったことを思い出して自分の中に積み重ねてみてください。

いきなり自信を持って、自分を大好きになる必要はありません。ちょっとずつ自分を好きになっていくことが大切なことです。

だれかを好きになることと同じように、自分のよいところを意識することで自分も好きになっていけます。

Q10

家ではほんとうの自分が出せるけど、学校では出せません。

学校は、友だちや先生ではあっても、家族とは違う「他人と過ごす時間と空間」です。

みなさんにとってはそれも「社会」です。

社会で順応するためには、ルールやマナーを守ることはもちろん、周囲の人とのかかわりでもバランスを取ることが必要になります。

ですから気をつかい、相手の表情を見たり、自分の言動が周囲の人にどういう影響を与えていたりするのかを感じ取りながら生活をしているはずです。だから学校生活でも、けっこうストレスはかかるものですよね。

でも**家でのきみも、学校でのきみも、それはどちらも「ほんとうの自分」**なのです。

ただ、家ではリラックスしていて、特に気づかいもそんなに要求されない場合のきみです。学校ではその社会に順応するために、気をつかいながらがんばっている場合のきみです。**その場面と過ごす人によって、きみ自身を使い分けているだけ**です。

そしてかかわる人によっても、さまざまな自分を感じるようにもなるでしょう。

ある人といるときには明るくて無邪気な自分。でもまた違う人とかかわるときには、緊張して、うまく自分を表現できない自分。かかわる人によっても引き出される自分

Answer10

は違ってきます。

僕もときどき、いまだに自分がわからなくなることがあります。

「いったいほんとうの自分はどれなのだろう？」とさえ思うことがあります。でも、「ほんとうの自分」はどこにもいなくて、相手と場面と自分の役わりによって、その都度《つど》対応するために自分は変化しているということなのでしょう。

しんどいときもあるけれど、**いろいろな自分を楽しんでみる**のもいいことですよ。

Q11

調子が出ないときには、
みんなにうまく絡《から》みにくくなってしまう。
あと、自分になかなか自信が持てないです。
どうしたら、ほんとうに明るい人間になれますか？

関西の中学でも、おもしろい人は人気者です。

でもタレントの紳助さんのようにみんなにうまく絡み、バッグンにおもしろい人はまずいません。

理想はいつでもみんなにうまく絡み、楽しませることができればいいのですが、きみの言うとおり調子が出なくて空回りしてしまうことがあります。

そしてみんなの話題にうまく入りこんで、雰囲気づくりのリーダーシップを取れないこともあるでしょう。

ではうまく絡めないときはどうすればいいのかというと、話を聞いていて「おもしろいな」、「すごいな」と思うときに「へえー」、「ほんとに」、「マジで！」、「すっげえな」などの**「合いの手」を入れること**です。

自分が会話のリーダーシップをとれなくても、合いの手を入れてあげることで場の雰囲気は盛り上がりますし、話している相手もうれしいはずです。

そうするときみが主役ではなくても、きみの存在感は大きくなります。これは多数での会話から、一対一の会話でも有効ですからぜひ使ってみてください。

そして、「明るい人間になりたい」ということですが、常に自信満々で明るい人というのもいないかもしれません。

　僕自身もそうなのですが、物事がうまくいっているときは自信が持てて明るく考え振る舞えるのですが、仕事やスポーツ、家族とのコミュニケーションでうまくいかないときだってたくさんあります。

　そのときには落ちこんで自信も持てなくなったりしますし、明るく考え振る舞えなくもなります。それはどんな人でも同じであるはずです。

　ではそのような時はどうするかというと、まず**うまくいかなかったということを認める**しかありません。認めることはつらいことですし、落ちこみもします。それを無理やりにでも明るく考えるというのは不可能です。だから**落ちこんでもいい**のです。

　しかし今はうまくいかないことや、できないことがたくさんあっても、確実に能力は伸びていきますし、やがては自分にいちばん適していて、誰よりもうまくできることを発見するときがきます。

　そうなると自信が持て、自然に前向きに明るく考え振る舞えるようになります。

「明るい人」とは、**今の自分を受け入れ、未来の自分に期待を持つ**、ということではないでしょうか。

Q12

イメージチェンジすることはいいことですか？

もしきみが、イメージチェンジをしたいのならよいことだと思います。
そして、もちろんよいイメージを自分で持ってください。
「かっこいいなあ」とか、「すてきだなあ」と思う人は必ず**「自己《じこ》イメージ」**（自分は
このような人間だという自分に対するイメージ）がよいものです。
キムタクや小栗旬がかっこいいのは、彼らは鏡を見ながら「どういう表情、どうい
うしぐさがかっこよく見えるか」をかなり研究しているはずです。
研究しているうちに、そのイメージが定着し、どんどん自分の中にかっこよくなる
ように働きかけてくれます。
明るくて、気さくで、やさしくて、かっこいい自分のイメージを、鏡を使って研究
してみてください。
鏡を見る回数も多い人ほど、時間が長い人ほど自己イメージはよいという、心理学
でのデータがあります。

Answer 12

Q13

ストレスを発散《はっさん》するには、どうしたらいいのですか？

ストレスとは、精神的な重圧《じゅうあつ》を受けているということです。それはおもに、本能と理性の板ばさみのときに発生します。

「スポーツをして体を動かしたいのに、試験勉強をしないといけない」、「ほんとうは言いたいことがいっぱいあるのに、おとなしく叱られる話を聞かないといけない」などのときに、ストレスを感じるはずです。

そしてそのストレスを吐き出すことなく、過ごしているとイライラがずっと続いてしまいます。

カーネギー（※）という人の有名な言葉に、**「キープ・ビジー」**というものがあります。日本語にすると、**「つねに忙しくあれ」**という意味です。

つまり勉強をしたり、スポーツをしたり、友だちと話したり、映画を見たり、さまざまな行動・活動をしている人はすぐに気分転換できて、いつもすっきりとした気持ちでストレスも少なく、イキイキしているというのです。

きみも「ストレスがたまってきたな」と感じれば、**少しの時間をとって違う行動・活動をしてみる**のもいいでしょう。そのほうがかえって「本来やらないといけないこと」の集中力が高まるはずです。

Answer 13

ちなみに僕は、仕事でストレスがたまったときは、休日に寝て過ごすということは決してやりません。

朝早く起きて、子どもたちと一日中遊ぶことにしています。睡眠不足や体の疲れはありますが、精神的にはストレスが吹っ飛んでスッキリします。

（※）デール・カーネギー（1888年〜1955年）：アメリカ合衆国の実業家、作家、ビジネスセミナー講師。『人を動かす』『道は開ける』などは、自己啓発書の原点と言われ、累計2000万部以上の売上を記録している。

Q14

人に流されやすいのは、どうしたら直せますか?

「人に流されやすい」とは、自分の考えや意見をはっきりと言えない、あるいは他人の意見に〝NO〟と言えないということでしょうか。

それはおそらく、周囲の人とのバランスをまず考え、波風が立たないことを優先しているからなのでしょう。それ自体は決して悪いことではなく、対人関係ではある程度自分を抑えることも必要です。何でもかんでも、自分の言いたい放題ではうまくやっていけません。

しかし難しいのが、自分を抑えるときと、自己主張するときとのバランスでしょう。

自分を抑えすぎると、きみの言うとおり「人に流されている」と感じ、自分がみじめになりストレスもたまります。

自己主張すると、あるいは人の意見に対して〝NO〟と言うと、相手を怒らせるか嫌われる可能性もあります。だから自己主張するということは、相手と衝突《しょうとつ》することを覚悟しておかなくてはいけません。

僕が人と衝突することを覚悟し、自己主張するポイントは、**「道徳・倫理」に反しているか**どうかということです。それはたとえば、人の悪口を言う・人を仲間はずれにする・だれかをいじめる・うそをつく・だます、そして学校や社会のルールや法律を破ることなどです。つまり、「それをしてしまっては罪悪感を持つし、自分を尊重《そんちょう》できなくなる」ということです。

そういうときには嫌われても〝NO〟という自己主張をしなければならないと思っています。言い換えてみれば、それ以外はいくら流されてもいいような気さえします。きみ自身今はまだ、**「これだけは曲げることのできない、大切な価値観《かちかん》だ」**というものが持てないのだと思います。

逆に言うと、これから時間をかけて、きみ自身の考えや価値観をつくっていくことになるのでしょう。

そうすることで、ここぞというときには自己主張できるようになりますし、それ以外は、人の考えや価値観をおだやかに受け入れることもできるようになります。

Q15

最近、自分の勉強・行動が思いどおりにいかない。それを直すには、どうすればいいですか?

直す必要はないと思いますよ。

人間はみんな、「自分のことが思いどおりにいかない」ものです。僕もしょっちゅう、「やらないといけない」と思っていても、だらだらとなまけてしまうことがあります。そして期限が近づいてきて、はじめて本腰を入れてあせりながらやる、ということが多かったものです。人間は、基本的になまけ者かもしれませんね。

ではなぜ、「やらないといけない」とは思っていても、思いどおりにいかないのかというと、「やらなくても何とかなる」。あるいは、「今じゃなくても後でいいや」という余裕があるのかもしれません。

つまり、「今やらないといけない」という必要性や切迫感が薄いわけです。だって、「この問題を30分以内にやらないと射殺《しゃさつ》します」と言われて、なまける人はいないでしょう。それは必要性と切迫感《せっぱくかん》があるからです。

だから、「将来のことを考えて、今は一生懸命に勉強しよう」などと言われてもイマイチやる気はわいてきません。あまりにもゴールが遠いので、必要性と切迫感が薄いからです。

ではどのような方法があるかというと、**「近いゴール」を自分で設定すること**です。

たとえば「3ページこなしたら休憩しよう」とか、「もう3ページこなしたらアイスクリームを食べよう」とか、**目の前に実感できる小さなゴールを設定して、ゴールをしたら自分に小さなごほうびを与えること**です。

そして、小さくてもゴールをすると達成感があります。自分の勉強や行動をコントロールしている人は、必要性と切迫感を自分でリアルに感じられるようにするとともに、小さなゴールを設定して達成感を感じられるようにしているものです。

ちなみに僕は、やはりなまけ者ですが、本の原稿を書くときは期限の3日前までに提出することに決めています。そして、そうしなければ出版社の人に迷惑をかけ、自分の信頼も落とすことになると、自分に言い聞かせています。

これが必要性と切迫感です。しかし一冊の本を一気に書けるわけではないので、小さなゴールを設定して、達成すると好きなコミックを10ページ読めるというごほうびを与えています。

そしてそれが自分のパターンになってくると、そんなに気合を入れなくてもできるようになってきます。

Q16

ゲームにはまっているのですが、
ゲームはあまりよくないという話を聞きました。
心理学で考えても、
やっぱりよくないのですか?

そうですね。心理学というよりも、脳機能学《のうきのうがく》で言われるところによると、ゲームはかなりのダメージになるとのことです。

特にシューティング（射撃）ゲームや、戦闘ゲームなどの刺激の強いゲームをやり続けるとたいへんなことになるというデータがあります。しかも高性能のハードやソフトによって、ものすごいリアリティを体験できますので、刺激はさらに強いものがあります。

これらの刺激を脳が受けることによって、脳内では多量のドーパミンという物質が分泌《ぶんぴつ》されます。このドーパミンという物質は、ヘロインやスピードなどの覚せい剤を使ったときに脳内で分泌され、快感を味わうものです。

もちろんゲームをすることで法律を破ることにはなりませんが、**脳内では覚せい剤を使ったときと、ほぼ同様の状態になっている**ということです。ですから脳機能学的、医学的にみてもたいへんなことが起こっているということになります。

家庭によっては、「1時間だけならOK」というルールを設けているケースがあるようですが、これは「覚せい剤は一日に5ccだけならいいよ」ということと同じになります。毎日ゲームをやり続けることで、確実に〝依存症《いぞんしょう》〟に近づいていくということとです。

このようにゲームを通じて簡単に〝覚せい剤的な〟快楽を味わえる状況が続くと、「スポーツや勉強、人間関係など、現実の体験の中で、つらい思いを乗り越えて達成感を味わう」などということが、めんどくさくなるのはあたりまえかもしれません。

無気力・無関心な人間が増えていると言われますが、ここにひとつの大きな理由があるのかもしれません。

そして中学生から高校生にかけてゲームの刺激に慣れてくると、つぎにはインターネットにハマるようになります。インターネットではさらに刺激的なコンテンツや情報が、世界中から居のままにして得ることができます。

それが「ネット中毒」と言われるものです。これらのゲーム中毒やネット中毒は依存症ですので、やはり覚せい剤と同様に、「続けるのも地獄、やめるのも地獄」の状態になります。

さらにこの状態は「現実感覚を麻痺《まひ》させる」ことにもなっていきます。

ここ数年、日本では今までになかったような事件や犯罪が多発しています。普通の人間では理解できないようなものです。おそらくは、ゲームやネットにも少なからずその原因があると考えられるでしょう。

もちろん、快楽を与えるような刺激ではない、学習ソフトや囲碁、将棋、チェスなどは脳内でドーパミンが分泌されませんので問題ではありません。

問題となるのは、〝快楽をもたらす刺激〟です。ですからそのようなゲームやネットは大きな危険性があると考えてください。（参考図書：『脳内汚染』岡田尊司著　文藝春秋）

Q17

自分の悪いところ（人を気づかい過ぎてしまうところなど）**は、今からでも直すことができますか？**

「人を気づかうこと」は悪いことではありません。**物事はすべて「よい面・悪い面」があり、表裏一体の関係**です。

しかし気づかい過ぎてしまうことで、きみがしんどくなるのだとしたら、改善できる方がいいのでしょうね。

まず、「気づかい過ぎてしまう」ことの原因から整理してみましょう。

おそらくきみは、対立や争いを望まず、平和にやっていきたい性格なのでしょう。対立するのを覚悟で自分を押し通すよりも、少々がまんしてでも波風を立てずおだやかに過ごしたい、そのようなタイプなのかもしれません。

平和主義でおだやかな性格です。しかし言い換えてみると、自己主張が少ないはずです。すぐさまはっきりと、「イエス・ノー」「好き・嫌い」など、言いたいことが言えずに、あとで後悔することがあり、そのような自分に自己嫌悪を抱いてしまいます。そのへんがきみのつらいところではないでしょうか。

ではつぎに、どうすれば改善できるのかということですが、**自信が持てるように価値観を育てていくこと**です。

自信が持てないと周りの目や意見が気になりますし、自己主張することで嫌われるのではないかと心配にもなるでしょう。

価値観とは、自分にとって大切なことどうでもいいことは何なのか、ということです。そして大切なことの中での、**きみなりの優先順位**です。この価値観がはっきりしてくると、他人の目が過剰《かじょう》に気になったり振り回されたりすることが少なくなります。「自分は自分。他人は他人」と割り切ることもできるようになり、安定して他人の意見を聞くことができ、また自分の意見を主張することもできます。

しかし、価値観を育てていくにはずいぶん時間がかかります。

僕の場合は、「これが自分にとって大切なことです」と言えるようになったのは、30歳ぐらいからだったような気がします。20歳を過ぎた大人でも、自信が持てずに悩んでいる人がほとんどと言ってもいいぐらいです。価値観を育てるのには、いろいろな意見を聞き、体験をし、その中でまた悩みながら考えてようやく育つものです。だからそのぐらいの時間がかかりますし、あわててはいけません。

そして、きみのような自己顕示《しこけんじ》（他人を押しのけてでも自己アピールする）をしない人が、しっかりとした価値観を育てたときには、もの静かでしっかりと安定した魅力的《みりょくてき》な人柄になると思います。未来の自分に期待してくださいね。

Q18

冷静な自分になるには、どうしたらいいのですか?

冷静の反対は、感情的です。

そして感情的になっているということは、同時に混乱しているということです。逆に、すべてが整理されていて感情的になっている人はいません。

ですから感情的になったときには、**少し時間をとって整理してみる**と冷静な状態に近づくことができます。

たとえば、「今日はたいへんな一日になりそうだ」という思いから、きみは感情的になっているとします。でもそれは、やらなければならないことがたくさんあって、混乱しているから感情的になっているだけです。

そのような時はまず、**「やらないといけないこと」を書き出してみます**。仮にそれが10個あったとします。しかしそのうちの8つから9つぐらいは、実は行動すれば簡単にできることで、難しいことやたいへんなことは1つか2つぐらいのものです。

そのことがわかるだけでも、ずいぶん整理されて気持ちが落ち着いてくるはずです。ではその8つか9つの簡単なことを、とにかく行動して片付けてしまいます。そうするとさらに気持ちは落ち着きます。

あとは難易度《なんいど》の高い1つか2つのことをやるわけですが、冷静に考えることもできて効率が上がります。

また、家族や友だちとの関係で、感情的になってトラブルが起きたときも、まずは整理してみることです。

「なぜ自分は（相手は）腹を立てているのか」を、自分なりに考えてみます。「たぶんこれかな」という推測《すいそく》がつくだけでも気持ちは落ち着いてきます。

そしてつぎに、相手にコミュニケーションをとることです。冷静に伝えるには、手紙やメモ、あるいはメールの方がいいかもしれません。

「きのうは感情的になってしまったけど、じつは○○と言われたことで傷ついたのだと思う。ついカッとしてごめんね」このように相手に伝えることで、さらに気持ちは落ち着き、冷静になれた自分にも満足できます。

冷静になるためには、**まず「整理」してみることです。そしてすぐに「行動」**です。最初はうまくいかなくても大丈夫ですよ。心がけているうちに少しずつ、うまくできるように必ずなっていきます。

Answer18

Q19

自分を好きになるためには、どうすればいいでしょうか？

「自分を好きになること」は、恋愛にとっても結婚生活でも、友人関係でも、とても大切なことになってきます。

心理学では、**「自分を愛せる程度にしか、他人を愛することはできない」**という考え方があります。それはなぜかというと、自分を好きな人は、自分のよいところをちゃんと知っているし、自分のダメなところも知っていて、それもつらいけれど許すことができている人です。

そのことは、他人に対しても同じ姿勢が表れます。「自分を愛せる人」は、他人のよいところをちゃんと見ています。そして欠点があったとしても、「自分だってダメなところがあるのだから、相手にだってあるよね」と、許《ゆる》すことができます。そういった意味においても、自分を愛し、自分を好きであることは大切なことです。

さて、ではどうすれば自分を好きになれるか、ということを考えていきましょう。

まず、「自分を好きな人」の代表例はどのような人かというと、「容姿がよくてモテる人」、「勉強の成績がよい人」、「スポーツにおける能力が高い人」など、一般的に評価の高い人がわかりやすい例です。これらの人たちは、「自分は他の人とくらべて優れている」という優越感を持つことができることによって、自己評価も高いはずです。

でも今現在、容姿に自信が持てず、成績もよくなく、スポーツも苦手だという人は劣等感を持っていて、自分のことが好きになれないのかもしれません。特に中学・高校生のころはそういう時期なのかもしれません。

しかし、そういった優越感や劣等感は一生涯続くものではありません。

中学生のころは容姿の面で人気があっても、大人になるとさほどでもなくなる人がいますし、逆に大人になってびっくりするほどかっこよくなる人、美しくなる人がいます。

勉強の成績がよかった人も、そのまま高い成績をキープしてエリートとして輝く人もいますし、志望校に入ったものの燃え尽きてしまう人もいます。逆に学生時代の成績はさほどよくなくても、やりがいのある仕事を自分で見つけ輝いている人もいます。スポーツの能力が高い低いも、社会人になりプロフェッショナルの道に進まなければ、あまり関係がなくなります。

つまり、**他人から高い評価をもらって、優越感を持つことは、自分を好きになる簡単な方程式かもしれません**が、言い換えてみると「他人の評価で自分が決まる」ということでもあります。そう考えると、他人の評価で自分のことを好きになったり、嫌

Answer19

いになったりという世界で生きている人は多いのかもしれません。
しかし、**それがすべてではない**ことを知ってほしいと思います。

以前知り合った男性で、ボランティアをしている人がいました。彼は20歳で、職業はテニスプレイヤーです。テニス・スクールで教えながら、トーナメントにも出ているようでした。180センチ以上の長身で、アメリカ人のお父さんと、日本人のお母さんから誕生したハーフの美男子です。

しかし彼には悩みがあって、それは「自分を好きになれない」そして、「自分がこの世に存在していてはいけないのではないか」という悩みでした。

くわしい事情を聞いてみると、両親は彼が幼いときに離婚していて、おばあちゃんに育てられたそうです。もちろん、当時のお父さんとお母さんにはどうしようもない事情があって、やむをえず離婚し彼を育てることができなかったのでしょう。彼自身もそれは理解していて、仕方がないのだと言っていましたが、こうも言っていました。

「両親には事情があって、僕を引き取って育てることができなかったことはわかっています。でもね、林先生。僕は結局お父さんにもお母さんにも必要とされなかったのです。僕は愛されなかった。僕は生まれてこなければよかった。一生懸命に僕を育ててくれたおばあちゃんには申し訳ないけれど、僕なんか存在しちゃあいけないんだって、心が叫んでどうしようもなくなることがあるのです。そんなときは周りの人にわがままを聞いてもらって、ボランティアに行かせてもらうのです」

「ところで、どんなボランティアに行くの?」と聞いてみると、

「特別養護老人ホームに行かせてもらい、おじいちゃん、おばあちゃんの汚されたオムツを洗うボランティアなんです」

この話を聞いたとき、正直に言うと僕は驚きました。

おそらくはつらい仕事なのでしょう。容姿も文句なくかっこいい、テニスプレイヤーの青年がそのボランティアをしていることのアンバランスさと、人の悩みは外からは見えず、さまざまな悩みが存在することに驚いたのです。

彼はさらに教えてくれました。

「おじいちゃん、おばあちゃんのオムツを洗っていると、その施設の職員さんが僕に声をかけてくれるのですよ。『おにいちゃん、また来てくれたんだね。助かるよ、ありがとう!』そしておじいちゃん、おばあちゃんの中にも僕の顔を見て声をかけてく

Answer19

れる人がいる。『こんな僕でも、誰かの何かの役に立てる。人に喜んでもらえることができる』そう思うと、ちょっとずつだけど、自分のことが好きになれる。こんな僕でも存在していてもいいんだって思える。だからね、僕はボランティアを『してあげている』なんて思えなくて。僕にとっては『自分を取り戻すためにさせてもらっている』のです」

自分を好きになる方法は、いろいろあるのかもしれません。

でもその中でも大切なことは、**「身近な人をちょっとしたことで助けてあげて、その人たちが喜ぶ姿を見る」**ことだと僕は思います。

きみのすぐそばにいる友だちや家族を、ちょっとしたことでいいから助けたり、手伝ったりしてみてください。人を助けたり、喜ばせたりすることのできるきみ自身を、きっと好きになれるはずです。

Q20

今自分がやっている、やりたくないことは、
後に、楽しいことに変わりますか？
自分が今やりたいことをした方がよいのか……
と思うんですが、どうでしょうか。

学生でも、社会人になっても、「やりたくないこと」を「やらなければならない」ことがあります。

当然やりたくないことですから、疲れるし集中できないし、ストレスにもなります。そして、それが後に楽しいことに変わるかどうかは、まったくわかりません。

きみにも、塾に行かなければならない、ピアノや剣道を習わなければならない、試験勉強をしなければならない、など義務や強制などにより「やらなければならないこと」がたくさんあることでしょう。

そして、それらのことは「楽しい」、「楽しくない」ということとはまったく別に、**やっておくにこしたことはない**ということです。

なぜなら、**きみの可能性は「無限」**だからです。「無限」ということは、言い換えてみると、「どのような能力があるのか」、「どのような才能があるのか」はまるでわからないということです。

ですから、きみのことを一番大切に思っている特に親などは、いろいろと考えて、きみにたくさんのことをやるように強制することもあるはずです。それは**きみの可能性を見つけ、また最大限に広げることにつながるかもしれないから**です。

だから「楽しいこと」も、「楽しくないこと」も、できるだけやっておくにこしたことはありません。

そして、「楽しくないこと」の中にも、結果としては自分の能力を伸ばしてくれるものがたくさんあります。学生ですと授業の内容や部活、習いごと。社会人ですとつらくておもしろくない仕事などです。

このようなことは今も、将来にも、直接役立つことはほとんどないかもしれません。だからといって無駄《むだ》かというと、そうとは言えない部分があります。間接的には教養を高め、経験を通じて創意工夫や知恵を身につけ、忍耐力も養う結果となります。

つらくて楽しくないことを、「喜んでやりなさい」とは言いませんが、結果的にはすべてが自分のプラスに働いてくれるはずです。

そうは言っても、「楽しくないこと」、「つらいこと」からは誰だって逃げたくなります。その**「逃げたくなる自分」を責める必要など、まったくありません**。ただ、「やるべきこと」を淡々とやるだけです。そして「自分の楽しいこと」をつぎに存分にやればいいわけです。

Answer20

Q21

先生は自分が好きですか？

うーん。ひと言で表現するのは難しいですね。なぜかと言うと、「自分のことを好きか、嫌いか」という観点《かんてん》で、自分のことを見ていないということだと思います。

まず、人は誰でも自分のことが大切です。大切だからこそ、自分の弱いところ、できないところに気づいたときにガッカリします。それが自己嫌悪です。

できれば自分は優秀で、容姿もよくて、人付き合いもうまく、他人と比べても自慢できるような自分でありたいものです。理想的とは言わないまでも、自分に対する期待は誰にでもあると思います。

でも現実は、「自分に対する期待」とはかけ離れているものです。その「現実と期待とのギャップ」を受け入れることができずに、大いに落胆《らくたん》し、自己嫌悪になります。

僕も思春期には、よく自己嫌悪になった記憶があります。他人と比較して、飛びぬけて能力が高いものもなく、女子から特別にモテたわけでもなく、だから根拠《こんきょ》のある自信など持てなかったものです。そのくせ自分に対する期待だけは高かったので、ちょっとしたことでうまくいかないと、よく自己嫌悪になりました。

そのころは、「好きか、嫌いか」という観点で振り返ると、自分のことを嫌いになることのほうが多かったのかもしれません。

でも今や大人になり、ある意味で自分をあきらめています。「あきらめる」とは、自分に愛想をつかし、「もういいや」と自暴自棄になることではありません。自分をある程度、客観的に知り、「自分にできること」と「自分にできないこと」を認めること。ありのままの自分を**〝あきら〟かに〝認める〟こと**です。

誰にでも必ず、「できること」や「よいところ」や「すばらしいところ」があります。でも思春期はなかなか自分の、「よいところ」が発揮されていなかったり、気づいていなかったりするものです。だから、よほど学力やスポーツで能力を発揮できている人や、容姿がよくてモテる人でなければ、胸を張って「自分のことが好きです」とは言えないでしょう。

しかし、きみがやがて大人に近づき、さまざまなことを学び、いろいろな経験をしていくと、必ず「きみにできること」や「よいところ」や「すばらしいところ」が発揮されるようになります。

そうすると、その「自分のよいところ」に焦点を当て自信とし、「欠点や弱点」は謙虚《けんきょ》に見つめ成長課題として、**自分のことを全体的に「受け入れること」**ができるようになります。

この、「全体的に自分のことを受け入れる」ということは、「好きか、嫌いか」という感覚ではなく、**もっと落ち着いて自分のことを見つめることができる**ようになるということです。そうすると思春期のような「自分を嫌悪して、苦しむ」こともなくなり、ずっと「楽になる」わけです。だから大人はいいものです。

Answer21

Q22

なぜ先生のような人は、自分の考えに自信が持てるのでしょう。

（※著者注：講演会で話している僕が、自信たっぷりに見えたのだと思います）

じつは決して自信があるわけではないのですよ。人は、「これで間違いない」と信じていても、間違うこともあるし、自分のその考えが変わることもあります。

たいせつなことは、**「世の中で、〝正しい〟こと」なんてないのだと、わかっていること**です。

もし〝正しい〟ことがあるとしたなら、それは**倫理**（人を殺してはいけない、自殺をしてはいけない、人をわざと苦しめたり、不幸にしたりしてはいけない……など）と、**道徳**（身近な人を大切にしよう、困っている人を見たら助けよう、嘘はつかないようにしよう、礼儀正しくしようなど）くらいのものだと思っています。

僕の講演会などでの仕事は、これらの「倫理観や道徳観を大切にしよう」というところにすべて結びついてゆく話をする役割なので、ある意味においてすごくシンプルです。倫理観や道徳観は、社会環境や時代が変わっても、そんなに揺《ゆ》らぐものではないので、講演会では〝はっきりと言い切る〟ことができます。だからきみは、「自信を持っている」と感じてくれたのでしょう。

しかしこの、「倫理観や道徳観」以外は、**社会や時代の変化によってコロコロ変わる**ものが大半です。

たとえば20世紀においては、「お金をたくさん稼《かせ》ぎ、力を持っている人が尊重《そんちょう》される」という、アメリカ合衆国から影響を受けた価値観を、たくさんの人が持っていました。しかし、21世紀に入り「ぜいたくな生活や豊かな社会環境でも、心の病気になる人がかえって増えてきた」ことによって、その価値観は揺らぎつつあります。

これは、「ほんとうに大切なことは物やお金の豊かさだけではなく、心の豊かさである」という、価値観の大きな変化が多くの人の中で起こっているということです。

もちろん、どちらの価値観が正しいということはありません。

そして社会や時代によって変わるだけではなく、同じ社会や時代に生きていても、**個人の事情や立場によっても違ってきます**。子どもが病気になったけれど、お金がなく手術を受けさせてあげることができない人にとっては、何を差し置いてもお金を稼ぐことが優先になります。

わが子が描いている夢を、自分の人生経験から判断し、あきらめさせてしまう親がいます。しかしそれはわが子が大切でかわいいがゆえに、子どもの能力を予測したときに、もっと安全な可能性の高い道を歩かせてあげたいという「親心」です。

Answer22

そしてその判断が、後にどのような結果になるかは誰にもわかりませんし、その子にとってよいか悪いかなどもっとわかりません。もしかすると少ない可能性でも夢に向かってチャレンジして成功するかもしれませんし、夢をあきらめ親のアドバイスを参考にして違う分野で大成するかもしれません。

つまり倫理・道徳以外は、「正しい・正しくない」もありませんし、どんな人でも間違うことが大いにあるということです。もちろん僕もその一人です。

だから妻や子ども、仕事関係の人に何かを言うときにも、「常に自分は間違う可能性がある」ということを意識しています。そうすることで人の意見に耳を傾《かたむ》けることができますし、それらを取り入れて自分が変化や成長をすることもできます。だから、「自分を疑ってみる」こともたいせつなことです。

でも常に自分を疑い続けていては、一歩も進むことができません。だから**自分を疑いながらも、「今はこの道が正しい」と考えるのであれば、そのときには自分を信じて突き進めばいい**のです。

もし、その結果がよくなかったとしても、きみの決断と行動にはすごい価値があります。それは「正しい・間違っている」ではなく、「自分を信じて、決断したという、人として成長する価値」です。

そのきみの選択は、「成功」するかどうかはわかりませんが、「成長する」ことは確かなことです。

Q23

何に対してもやる気が出なくなってしまうときが、
最近よくあるのですが、
どうしたらよいのでしょうか？

「やる気がでない」「やらなければならないことはわかっていても、行動できない」ことは、僕にもよくあることです。

よくあるというよりも、**「やる気がみなぎっている」ことなどあまりない**、というのが正直なところです。このことは誰にでも当てはまることだと思います。

人間は、時間的余裕があり、体調やバイオリズムもよく、自分が興味・関心のあることに取り組むときには「やる気がみなぎる」という、「気持ちが先行して」行動を引っ張っていってくれることがあります。しかし、このような状況はあまりないと言えるでしょう。

むしろ時間的余裕がなく、体も精神も疲れていてリズムもよくなく、あまり気がすすまないことを、やらなければならないことのほうが多いはずです。

そのような場合でも、「やる気がみなぎって」くる人を見たことがありません。もし仮にいたとしても、かなり無理をして演じているので、その後の体と心の状態が心配になるぐらいです。

そういう「やる気が出ない」ときに、「やる気を出さないといけない」と考えると、自分の体と心に無理をさせるし、「やる気が出ない自分を責める」ことになりますから、ますます嫌になってしまいます。

人間は誰でも、自分の思っているようにはいかないものです。

やる気が出なくてサボってしまう。ズルいことを考えてしまう。エッチなことも考えてしまう。親や兄弟にキツイ言葉を言ってしまう。勇気が持てない……など、理想の自分とかけ離れているものです。

そして、「やる気に満ちて、まじめで誠実に、優しい気持ちで、勇気を持って」というのは、まずは「理想的な気持ちになってから行動せよ」というのは、ほぼ不可能に近いはずです。だから「気持ちから高めて、そのあとに行動する」というのはとても難しいのです。

人間がやる気になるのは、ほとんどの場合が**「やっているうちに（行動しているうちに）、やる気が出てくる」**ものです。つまり、「行動しているうちに、気持ちがそれについてくる」ということです。したがって、はじめからやる気が出ないことは当たり前のことで、まったく問題ではありません。だから、やる気が出ない自分を責める必要もなければ、焦《あせ》る必要もありません。そして「感情を何とか前向きにしよう」などとは考えないでいいのです。

まずは忙しすぎて心に余裕が持てないのであれば、2時間ぐらいの時間をとって散歩でもしてみてください。このときにゲームなどしてはいけません。ただ歩くだけという、**他には何もしない「余裕」をつくること**が目的です。そして歩いているときに、その後やらなければいけないことなども考えてはいけません。考えればよけいに心に余裕が持てなくなります。ただ歩きながら、空を見たり、景色を見たり、空気のにおいを感じてみたり、とにかくただ自然に〝**感じる**〟**ことだけ**をしてください。

つぎに、〝**やらなければならないこと**〟に手をつけます。先ほども書いたように、「やる気を出す」必要はありません。**ただ手を動かし、身体を動かし、行動すること**です。それは勉強でも、体のトレーニングでも、まずは淡々と行動することです。

もしそこで嫌な気持ちになったとしても、「嫌な気持ちだなあ。でもまあ、このままやり続けよう」と、嫌な気持ちになっている自分を認めて、行動はとり続けることです。

このときに、「嫌な気持ちを切り替えて、やる気にならないといけない」とは考えないことです。今の自分の気持ちを否定すると、ますます気持ちが落ちこみます。

気持ちはそのままでいいのです。行動をとり続けることで、確実に「やらなければいけないこと」はこなされ、減っていきますし、それにともなって気持ちも少しずつ落ち着いて変化してきます。

もちろん最後まで「やる気がみなぎってくるようなこと」にはならない場合が多いとは思いますが、少なくとも課題は達成できます。

それがやがて習慣になってくると、**「行動から入って、気持ちをコントロールできる」**ようになっていきます。

このように、「行動から入って、気持ちをコントロールする」ことをカウンセリングでは**「行動療法《こうどうりょうほう》」**と言います。ぜひ試してみてください。

Q24

自分の将来の夢と、
親が私になってほしいという人と、
どっちを選べばいいですか？

うーん。これについては、僕も中学生のときに迷った経験があることを思い出しました。人生経験のある親と、まだ人生経験のない自分。進路や将来のあり方でずいぶんギャップがありました。

人生経験を通して、また親の目から見た我が子の様子を見て、将来にできるだけたくさんの選択肢が得られる可能性がある道を進ませたい両親。それに対して、「これだ！」という思いこみで、すごい勢いで方向を決めたい純粋な中学生の自分。

その当時は、反発しながらもかなり話し合って、「親の言うことにも一理《いちり》あり」ということで、アドバイスを受け入れた経験があります。

いまだに振り返ってみると、「今が満足のいく仕事や生活ができているので、あれでよかったのだ」と思える自分と、「もし自分の思うとおりの夢に向かっていたら、どうなっているのだろう」という思いが同時にあるというのが正直なところです。

もちろん〝正解〟などはないはずです。つまり、「今がよければ、すべてよし」ですから、あの時の親のアドバイスを受け入れてよかったと考えています。

日本は先進国の中でも、「子どもから大人になる準備期間」が異様《いよう》に長いようです。

Answer24

僕は、大学生のときに1年ほどイタリアを中心に留学した機会がありました。フィレンツェという都市で、ドイツ人の青年とルームメイトになりました。彼は当時19歳で、僕よりも1歳年下でした。

彼が話してくれたことのひとつに、「ドイツでは高校を卒業すると、基本的に男子は親元から離れて自活するのだ」ということでした。もちろん生活費や学費も、アルバイトや定職に就いて自分ですべてまかなうそうです。親から援助をもらえるのは高校生までだそうです。

ドイツでは中学生ぐらいで、将来自分が就く職業や人生の方向性を、親や教師と相談して決めるのだそうです。職人やスポーツ選手を目指す人は、中学を卒業するとすぐに「その道」に入り修行しますし、看護士などを目指す人は専門学校に進み学びます。また、学力が傑出《けっしゅつ》している人はエリートを目指し、大学や大学院を目指します。

彼らは周囲の人のアドバイスを受けながらも、中学生で自分の職業や人生を、責任を持って選択するようです。

だからそのルームメイトも、僕から見ると年下にもかかわらずとても頼もしく、大人に見えました。彼は看護士を目指し勉強している専門学校生で、夏休みを利用してイタリアに短期留学していたのです。もちろんその費用も自分で稼いだものです。

彼は、「どうして将来の方向性もはっきりしていないのに、大学にいって専門分野を学ぶのだ」という疑問を投げかけてきました。僕はうまく説明できた自信はなかったのですが、「ドイツと日本では、ずいぶんと学歴と職業についての考え方。人生の選択への考え方が違うようだ」という理解はしてくれました。

日本では、特に文系の学部に進む学生においては、「卒業するまでに就職活動をしながらじっくりと考えて決めよう」というのが、スタンダードに近いと言えるでしょう。もしくは今のように不景気であれば、「自分を喜んで採用してくれる会社なら、まずは入社してみよう」ということにもなります。

だから法学部を出ても、経済学部を出ても、文学部でも、外国語学部でも、その専門分野とはまったく縁のないような会社に入り、仕事に就きます。俗に言う「潰《つぶ》しが利《き》く」というやつです。

しかし、「潰しが利く」がゆえに迷うことも確かで、「何でもできそうだけれど、すぐにはたいして何もできない」ことを周囲も知っていますし、自分自身もよく知っています。迷いもすれば、自信が持てないのも当然でしょう。

だから日本の新社会人は、入社から数年は「まるで役に立たない」わけです。数年間はたいして仕事もできないのに給与を支払い、やがては一人前になってほしいと願い教育し、3年から5年ぐらいの年月を要して育てていくわけです。

かつての日本は終身雇用《しゅうしんこよう》、年功序列《ねんこうじょれつ》という独自のシステムが機能し、優秀な人材を育ててきました。会社が責任を持って若者をたいせつに教育して、社会に貢献できるように育ててきたわけです。僕はすばらしい時代と、日本独自のシステムだと思っています。

しかし、現在はずいぶんと事情が変わってきました。バブル経済が崩壊後、米国型の人事システムが導入され、終身雇用も年功序列も崩壊し、「じっくりと人を育てる土壌」がひっくり返されたと言ってもいいでしょう。企業は短期間で業績をあげ生き残るために、あるいは人件費のコストダウンを求め、「即戦力」になる人材を圧倒的に求めるようになりました。

そこで、雇用形態《こようけいたい》も「全員が正社員」から、「契約社員」、「パート社員」、「アルバイト」など、同じような仕事をしているにもかかわらず、多様化しています。

「じっくりと育てて、将来は大きな幹になってもらおう」と考えることよりも、「高い成果をすぐにあげ、会社の利益になる」人を採用しようと躍起《やっき》になっています。それはそれで、今の時代には必要なことなのでしょう。しかし個人的には、「人を育てる」ということにおいては、将来の日本は大きな問題を持つことになると思っています。

このような変化の流れを考えたときに、これからの日本は「大学を出ているから」とか、「大学院を出たから」といって就職も人生も順調にいくとは限らないということです。「これから」というよりも、すでに「今現在の日本」もそうなりつつあります。

大学に進学をするにしても、**「どのような職業に就き、どのような分野で自分は力を発揮し社会に貢献していきたいのか」**をあらかじめじっくりと考えて、進路を決定する必要があるでしょう。

また、きみの夢を追いかけるのも同じことです。

自分はその夢を実現することで、どのように人間として成長し、豊かな人生を創りたいのか。そして、その夢をかなえるだけの能力が自分にはあるのか。

Answer24

もしなければ、今後どのような方法で自分をトレーニングして、その能力を身につけるのか。このようなことをじっくりと、親と相談し話し合って決めていくことが重要です。「きみの夢」に確実に近づいていくためのプロセスがなければ、寝ているときに見ている夢と同じになってしまいます。

親の意見にも必ず一理はあるので心を開いて聞いてみてください。きみが心を開いて、まずは聞かないことには親もきみの意見を聞いてくれることはありません。

そして、つぎにきみの夢を話し、「そこに近づくための**現実的なプラン**」を用意して親に聞いてもらってください。そうすることで結果はどうであれ、家族の協力のもと、必ずすばらしい方向性が見えてくるはずです。

でも、仮にきみの夢が破れたとしても、またさらに成長したきみから「つぎの、もっとすばらしい夢」が生み出されるはずです。

だから、きみは大丈夫だよ。

Q25

勉強をする気は、どうすれば起こりますか?

心理学の勉強をしているとじつにおもしろいものです。それは自分自身に当てはめて考えたり、身近な人との関係で使えたり、人生を考えるときに参考になったりと、日常生活に直結しすぐに役立つものもたくさんあります。

でも、中学生のきみが今学校で学習している内容は、どの教科においても「基礎学力」を身につけるための内容でしょう。それは日常生活に直結して役立つものは少なく、**「こんなことを勉強して、何のためになるのかなあ」**なんて、思うことがあるのではないですか。

その気持ちは僕にもよくわかります。僕だけではなく、お父さんもお母さんも学校の先生も、文部科学省の人たちだって中学生のときはみんなそう思ったはずです。

人間は、自分の日々の生活と一直線で関係があると感じられないと、身近に感じて関心を持つことは難しいはずです。

しかし、きみが学習している基礎学力を身につける勉強は、**間接的に将来いろいろなところで必要となり役立ちます**。数学者になるわけでもないのに、なぜ数学を勉強するのかというと、コンピュータ・プログラマーだけではなく税理士や弁護士、商社マンやメーカーの事務職、教師や保育士に至るまで、「論理的にものごとを考える」

能力は必要とされますから、数学を学び論理思考を鍛《きた》えておくとずいぶんと役に立ちます。

古文や漢文は、現代の生活で使うことはありませんが、言葉（日本語）の奥深さや表現法、そして情緒を養うには欠かすことのできないものだと思います。私たちの「思考（心）」は言葉によって創られますから、情緒豊かな美しい日本語は欠かすことができないと、僕も考えています。

でも、そうは言ってもすぐには勉強する気にはならないものね。わかる、わかる。そこで**「人間のやる気はどのように生まれるのか」**ということを、心理学で考えてみよう。

まず「何かをしようとする心の動き」を考える上で、**「期待×価値」理論**というものがあります。

たとえば、宝くじを買おうとする人がいますよね。なぜ宝くじを買おうとするかというと、まず「買ったら当たるかもしれない」という〝**期待**〟があるからでしょう。「どうせ買ったって当たりっこない」と期待がなければ買うことはありません。

Answer25

そしてつぎに「当たったら3億円の賞金だ」という高い〝**価値**〟を感じているからです。「しょせん当たっても3千円だ」と、低い価値なら馬鹿らしくて買わないでしょう。

だから、やる気「何かをしようとする心の動き」は、**「期待（買ったら当たるかもしれない）×価値（当たったら3億円だ）」**という公式になるわけです。

そしてここで大切なことは、「期待＋価値」ではなく、**「期待×価値」**だということです。つまり期待がいくら高くても、価値が感じられない（0《ゼロ》）なら、やる気はゼロです。もちろん逆も然《しか》りです。したがって、両方の要素を高めていくことが重要になります。

このことは、勉強のやる気にも当てはまりますよね。**期待（やればきっとできる）×価値（勉強ができて成績が上がることは、自分にとって重要なことだ）**ということです。

まず勉強にやる気が出ない、または嫌になってしまう理由は「やればきっとできる」と思えないことです。「なんか、わかったような、わからないような。でも振り返っている時間がないからとりあえず先に進まなくちゃ」と、スピードに流されて確実に理解しないですませてしまうことではないでしょうか。そうすると数学でも英語でも歴史でも、暗記に走り出し、ますますしんどくなってしまいます。

ここで大切なことは、周囲から多少遅れても、確実に理解してつぎに進むことです。そのためには周囲の目を気にせずに、わからないところを先生にこまめに聞きに行くことです。

あるいは苦手科目だけでも家庭教師や塾を活用して、確実にマスターすることです。家庭教師といっても、1教科だけならそんなに費用はかかりませんし、なんならお年玉で自腹を切ってもいいかもしれませんね。だって、「きみ自身の大切なこと」ですから。

いいですか。この〝期待〟「やればきっとできる」をしっかりとクリアしておかないと、いくら価値を考えても「絵に書いた餅」と同じように現実味がありませんからやる気もわいてはきません。まずは徹底《てってい》して期待をクリアすることです。

そして次に〝価値〟ですね。さあ、期待がクリアできれば現実味をおびて、いろいろな価値がわきあがってくるはずです。

前回よりもよい成績が採れることで、すがすがしい気持ちになり自信が出てきます。親からも小言を言われなくなりますし、好きなことができる時間も増えるでしょう。

さらに成績が上がっていくことで、志望校合格にも明るい兆《きざ》しが出てきますし、ワンランクアップも目指せるかもしれません。

基礎的な教養がどんどん身についてきますから、人間的な成長も促進《そくしん》してくれます。高い学力を身につけることで、職業選択のときも広い選択肢から、きみの適性にあった職業を自由に選ぶことができます。

その「きみをいかした職業」だからこそ、多くの人を幸せにすることもできます。たくさんの人が幸せになる姿を見て、きみはますますやる気が出てきます。

こんな感じでいきましょうか！

Q26

自分の価値観を、どこで判断するのですか？わかるのですか？

まず辞書で「価値観」を調べてみると、**「物事を評価する際に基準とする、何にどういう価値を認めるかという判断」**とあります。このことは例えれば、つぎのようなことです。

20万円のあるブランドのバッグに大いに価値を認めて喜んで持っている人もいれば、それにまったく価値を感じない人もいます。スマップのサイン入り色紙を宝物にしている人もいれば、簡単に人にあげてしまう人もいます。

学歴を重視して新入社員を採用する経営者もいれば、健康であることとまじめさを重視して採用する経営者もいます。英語などの外国語教育が必要だと考える教育者もいれば、美しい日本語を話すことができれば、外国語は通訳にまかせればそれでいいという教育者もいます。

人生にはお金こそが一番重要だと考える人もいれば、お金は生活できる程度あればよくて、家族の愛情こそが重要だと考える人もいます。仕事は収入で価値が決まると考える人もいれば、どれだけの人を自分の仕事で幸せにできたかで価値をはかっている人もいます。

つまり、「価値観」というのは主観的（自分の考えや思い）なもので、正しいとか間違っているとかという性質のものではありません。だから難しいものですね。きみが質問したくなる気持ちはわかります。

そして、「価値観」なんていくらでも変わるものです。

先ほどの例で考えると、ある日、そのバッグ・メーカーの歴史を知ることになり、それにたいへん興味を持ち、突然20万円のバッグがほしくなるかもしれません。スマップよりも他のグループのファンになると、色紙を簡単に手放してしまうかもしれません。

経営者も、何人かの社員がいっぺんに病気で休むようになると、学歴よりも健康に価値を置くようになるかもしれません。カタコトの英語では信頼関係が築けないことを経験すると、自分は人生哲学を勉強し、英語は通訳に任せるようになるかもしれません。

仕事ばかりに意識が行っていた人も、家族の絆をよりいっそう求めるようになるかもしれません。年収は優越感に浸れるほどあるけれど、ほんとうの友だちや信頼し合える人がいないことに気づけば、仕事の価値を問いただすことになるかもしれません。

このようにも「価値観」は、状況や経験や年齢、社会環境など、そのときどきで変わりますし、また変わってもいいものだと思います。

そして、その「価値観の変化」は一生涯続くものでしょう。そして今の自分が「何をよしとするのか」が今のきみの価値観です。

「かっこいい」とは、どのようなことですか。「人の強さ」とは、どのようなことですか。「優しさ」とは、きみにとってどのようなことですか。

宝くじで1億円が当たったら何に使いますか。

部活をする意味は（しない意味は）なんですか。進学は何のためにしますか。働くことの目的を、どのように考えていますか……。

このような問いを自分で答えてみると、少しでも「自分の価値観」が見えてくるかもしれませんね。でもそれは、自分が今まで接した「親の価値観」であったり、「先生の価値観」であったり、「テレビなどのマス・メディアの価値観」に影響を受けているものが多いかもしれません。

それは、**価値観とは「自分が今まで接してきた情報によってつくられたものである」**ということです。つまり自分の価値観とは、「情報に左右される」ということです。

そしてこのことが、「きみの価値」を考えるときにも影響しています。

「高学歴」がよいとする価値観で、自分を見るのか。「キレイな容姿」「年収」「体力」「ファッション・センス」「目立ち度」「礼儀」「優しさ」「思いやり」「勇気」「素直さ」など、人を評価する尺度《しゃくど》は無限にあります。

きみは、どの尺度で自分を見ていますか。きみは、**「どんなことを大切にしたいのか」という目で、自分自身や周囲の人や物事を見て、**自分の価値観を調べてみてください。

そしてその価値観はきみの「今の価値観」であって、将来きみが歳を重ね、たくさんのことを経験し、自分で考えるうちにまた変化していくでしょう。

価値観は変化するし、変化してもいいものです。

迷い悩みながら価値観を書き換え続けることで、「きみらしい価値観」に近づいていくのかもしれません。

2章　人間関係の悩み

親、友だち、恋愛……

Q27

親とのコミュニケーションは、
どのようにとるのですか？

この質問は、「以前から親とのコミュニケーションがうまくいかず、どうすればいいのかわからない」というものなのか、それとも「最近、親との関係が微妙に変化してきたようで、なんかギクシャクしてコミュニケーションがうまくいかない」のか、定かではありませんが、後者のケースとして考えてみたいと思います。

中学生になると、小学生のころと比べて親子の関係が変化してくるのは自然なことでしょう。きみからすると親にいちいち干渉《かんしょう》され、口うるさく言われるのが嫌になってきます。それは、「自分のことは自分で決めたい」という自立へ向けての意識が高まってくるからです。

しかし親からすると、中学生になったとはいえ、まだまだ子どもで手がかかり、そして心配でもありますのでつい口うるさくなってしまいます。

そのような親に対して「必要なときは助けてほしいけれど、それ以外は黙っていてほしい」という身勝手なことを考えてしまいます。

また親も、「そろそろ自立しなさい」と言いながらも、心配からつい何かと口出ししてしまい、かえって子どもの自立を阻害《そがい》してしまいます。これはどちらもお互い様で、身勝手なことを言っているわけです。

この状況を改善するには、ちょっとしたコミュニケーションを取り入れることで可能になります。

まずきみの方から、干渉されたくないことがあれば、「○○は任せてほしい。自分でちゃんとやるし、あとで報告もするから」と**自分で管理することを宣言し、報告をすることで親に安心感を持ってもらう**ことです。

しかしここで大切なことは、**約束は必ず守る**ということです。一度でも約束を破ると、「やっぱりまだまだ子どもで、自分ひとりではできないのだ」と判断され、何かと干渉されることは覚悟しなければなりません。

きみが自由にできて、親との気持ちよいコミュニケーションを望むのであれば、自分の責任をしっかり果たしているところを見てもらうことです。

それでも親がきみに干渉してくるようであれば、「自分はしっかりやっているのに、信頼してくれないとさみしいなあ」と親を非難するのではなく、きみの素直な気持ちを打ち明けることです。

Q28

私の祖父母は、高齢で病気のために入院しています。
父と母はいつもフラフラになりながら看病しています。
そんな様子をずっと見てきたので、
二人のお見舞いに行っても、接し方がわからなかったので、
最近父に「お前には愛がない」と言われ、
それで悩んでいます。

お父さんの言葉は、優しいきみの心に突き刺さったのでしょう。祖父母へのかかわり方がわからずに、戸惑《とまど》っているきみにはキツイひと言ですね。

でも、お父さんの「お前には愛がない」という言葉は本心ではないことが、僕にはよくわかります。

人が、**誰かにキツい言葉をいって攻撃したくなるのは、「期待」があるから**です。「期待」がなければ腹を立て、キツい言葉を放つことはありません。

では、そのお父さんの、きみに対する「期待」とは何かというと、「自分（お父さん）と同じように、おじいちゃん・おばあちゃんを大事にしてほしい」という期待でしょう。

その「期待」がそのとおりに満たされなかったことによって、「がっかりして、悲しい気持ちになった」ということが、お父さんの素直な気持ちです。つまりお父さんの期待（理想）は、「おじいちゃん、おばあちゃんに会ったときには優しい言葉をかけ、大切にしている行動をとってほしい」ということでしょう。

でも、そのとおりにきみが言動しないことで、お父さんは「がっかりして、悲しい気持ちになった」ということが、素直なお父さんの気持ちです。

しかし、きみの気持ちも僕にはよくわかります。ご両親がフラフラになって介護し、それでも当然年老いていく祖父母に会ったときに、具体的にどう接したらいいのかわからない、という戸惑いなのでしょう。つまり、**お父さんの期待と、きみの自然な戸惑いとのギャップがあった**ということです。

そこで、もし今もこのことできみが気になるのであれば、こんなふうにお父さんに手紙を書いてみるのはいかがでしょうか。

お父さんへ。

お父さん。お父さんが、おじいちゃん・おばあちゃんを大切にしている姿を、小さなころからずっと見てきました。たいへんなこともたくさんあったと思います。でも一生懸命にがんばっているお父さん・お母さんを見てきて、誇らしい気持ちになります。

一度、お父さんから『お前には愛がない』という言葉をかけられたときに、じつは

Answer28

ショックでした。自分にはほんとうに優しさとか、愛がないのかなって悩みました。冷たい人なのかなって、悲しくもなりました。

でもほんとうは、おじいちゃんやおばあちゃんに会ったときに、どう接したらいいのか自分でもよくわからないのです。自分がどうしてあげたら一番いいのか、それがわからないから言葉も行動も止まってしまうのです。

お父さんやお母さんのように、テキパキと動けてお世話をできれば、それが一番いいことなのだろうなと思います。でもそれができないから、自分は冷たい人なのかなって悲しくなります。

直接、お父さんとこんな話ができたらいいのだとは思いますが、はずかしくてなかなか言えそうにないので手紙を書きました。ほんとうは少しでも手伝えて、おじいちゃん・おばあちゃんに優しくできたらいいと思っています。

お父さん、お母さん、いつもありがとう。

こんな手紙を書いてみてもいいのではないかな。

Q29

「気の合わない人」と、うまく会話するにはどうすればいいですか？

まず、「気の合わない人」とはどんな人かを考えてみよう。

それは趣味などがきみとは違い、会話がはずまない人。性格がきみとは違って、どちらかというと遠慮がちな人（あるいは逆に強引な人）。コミュニケーションのペースが遅すぎてイライラする（早すぎてついていけない）人。あるいは価値観がきみと違う人、などではないでしょうか。

そのような人とは、会話をしたり付き合っていったりするのは、少々ストレスがかかりますね。それはきみと相手の「違い」を意識して、どこかで埋めなければならないからです。

しかしこれから中学校生活、高校生活、大学生活、アルバイト、そして社会人になればそのような「気の合わない人」との出会いや、それを何とかうまく対処していかなければならない場面は増えていきます。

「意識しなくても自然に接することができて、自分も相手も楽しい」という「気の合う」友だちばかりだといいのですが、残念ながらそちらのほうが少ないぐらいでしょう。

僕は気の合わない人とは、**「この人は自分とは違うところがたくさんあるなあ」**と

考えながら、まず相手の話を聞くようにします。

人間は「自分のことをわかってほしい人」が多いので、聞いてもらっただけでもこちらに好感を持つようです。

気をつかう分、もちろん気の合う友だちと過ごす時間のように楽しい時間ではありませんが、きみの質問の「うまく会話する方法は？」に関しては、ひとつの解決法かもしれませんね。

「会話」というと、つい「話す」ことに意識が向きがちですが、「聞く」ことも大切な、そして有効な要素です。

Answer29

Q30

「知らない人」と、うまく会話できるようになるにはどうすればいいですか？

正直に言いますと、僕自身も知らない人と話すのは緊張しますし、何を話せばいいのかわからないので苦手です。たぶんほとんどの人が苦手なはずです。

それは初対面の人に、「自分がうまく話さないといけない」と思うからかもしれません。でも会話のうまい人を見ていると、自分が話すよりも相手にたくさんしゃべらせています。

会話の基本は、**相手に60パーセントしゃべらせて、自分は40パーセント**だと言われています。つまりは**聞き上手が会話上手**ということです。

「部活は何時まであるの？　へえー、けっこう遅いよね。でも家に帰ってご飯食べたらキツイ時間になるよね。それから宿題？　けっこうたいへんだよね。僕も（私も）キツクてお風呂に入ったらすぐに寝ちゃうことがあって。朝起きたら宿題やってなくてボーゼンだよね」

相手に聞いたあとに、だいたい自分も同じぐらいの情報量を話せば自然に会話はバランスがとれますよ。

Q31

小学校のころの友だちが、
離れていくのを感じるのですが……。

以前に親しかった友だちと、心の距離が離れていくのはさみしいものですね。

でも中学になると好きなスポーツや趣味、勉強に対する価値観や将来の目標など、たがいに違う「個性」が際立ってきます。だから離れていくのは自然なことでもあります。

きみは以前の友だちに、離れるのが嫌だからといって、全部合わせようとはしないでしょう。友だちもやはり同じで、全部をきみに合わせようとはしないはずです。さみしいけれども、自然に離れていきます。

でも離れる友だちがいれば新しい友だちとの出会いもあります。これからもきっと、出会っては離れて、離れたらまた新しい人との出会いがある繰り返しになるでしょう。

なんと人は一生の間に、**出会って会話を交わす人だけでも、最低3万人**はいるそうです。だから人との別れは必然です。

でもね。僕は先日小学校の同窓会に参加したのですが、30年以上ぶりに会った友だちは、やはりその時と変わらない友だちでしたよ。

Answer31

Q32

友人に軽いはずみですぐ皮肉や、憎まれ口をたたいてしまうのですが、何とか直す方法はありませんか?

一番よいのは、皮肉や憎まれ口をたたいてしまい、後悔することがあったら**あとで謝る**ことです。

「言いすぎたよ。嫌な気分にさせてごめん」

きみが謝ることで、**相手は「自分の気持ちを考えてくれた」という、印象を受けます**ので、そのあとは大丈夫でしょう。

そして自分のとった言動が、「相手に悪かったな」と思ったときに正直に謝ることで強く意識できるようになります。人間は何回も一つのことを意識することで、やがてはそれが習慣になり、意識しなくても相手が不快になるようなことはしなくなります。

だからこのように、きみがまず「自分は相手を不快にする皮肉や憎まれ口をたたいてしまうことがあるな」という自覚を持っていることが、とても大切なことなのです。

思い出したときだけでもいいので、これからも自分の言動のあとで**「今の言動は相手がどう感じたかな?」と意識**してみてください。

それだけで改善されていきますよ。

Q33

周りの友だちから頼みごとをされると、
断るのが悪いような気がして、つい引き受けてしまいます。
みんなにも「人がいいよね」とよく言われます。
うれしいことなのですが、人がよすぎるのも
よくないのかな？　とも思うし、
私も結構つらいなと思うことがあります。
どうすればいいですか？

きみの言うとおり、他人にしてあげられることがあって、喜んでもらえることはうれしいことです。

でも、「どうして私だけがそこまでやらないといけないの」と思うようであれば、周囲（友だち）の目を気にし過ぎているのかもしれません。「断ったらどう思われるだろう？　どう言われるだろう？」という心配があるのでしょう。

しかし「悪い評判」を過剰《かじょう》に恐れてがまんし続けると、きみ自身がどんどんつらくなってしまいます。そして重要なことは、**果たして、友だちは本当にきみのことを悪く思うか**ということです。

たぶんそれはないはずです。友だちは軽い気持ちで頼んでいるだけで、きみの状況や気持ちまでわかっていないだけなのでしょう。

友だちや家族などの親しい関係でも、互いに感じていることや考えていることは違います。親しい人たちには「言わなくてもわかってほしい」と私たちは期待しますが、「言わないとわからない」ものです。

「やってあげたいけど、今、余裕がなくてできそうにないなあ。ごめんね。でも、○○ならできるかなあ」などと、**「できること」と「できないこと」を明確に伝えたり、**

きみの状況を知らせたりすることで、友だちもきみと同じレベルで理解できます。

そして、「できない」とすべてを断っているわけではなく、「できること」や「できる範囲」を提案することで、相手には「何とか協力しようとしてくれているんだ」という思いに伝わるでしょう。

このようなケースだけではなく、**断るときは、きみができることも提案**してあげることで互いに協力意識がめばえて、決して悪い雰囲気にはならないはずです。

Q34

以前、仲のよかった友だちに裏切られました。
それから人を100パーセント信用できない自分がいます。
また裏切られたらどうしようと思うと、
すごく怖いんです。
どうしたらいいですか?

友だちとの関係で、ずいぶんつらい思いをしたのでしょうね。

残念ながら他人は、私たちが期待している以上に大きく変化することがあります。

相手が「私を裏切った」ということは、言い換えてみると**「あの人には変わってほしくなかったけど、そんな私の期待を超えて大きく変化した」**ということです。人はそのときの状況で、考えや行動が大きく変化することがあります。

たとえば君に好きな人がいて、その思いを親友に話したとします。親友はまったくその人には興味がなさそうでしたが、しばらくすると自分には内緒でその人に告白してしまいました。一般的には「裏切られた」ということなのでしょう。

しかし親友の気持ちは、最初は興味がなかったけれどときみの話を聞き、その人を見ているうちに、その人のよいところを発見して自分も好きになってしまった、という気持ちの変化です。

もちろん親友ですから、自分に内緒でそのように告白してほしくなかったという期待があるのは当然です。

じつはこの話は、僕が中学生のときの自分の体験です。

そのときはショックでしたが、あとから「人の気持ちや考えは変わるものだなあ」と思うことができました。

そして「他人を100パーセント信頼できる」ということは、「自分の期待に100パーセント応えてくれる」ということと、ほぼ同じ意味になりますので、不可能でしょう。それは友だちだけではなく、家族であってもきみの期待を超えて気持ちや行動が変わることがあります。

「裏切られた」という言葉をつかうと、とても悲しくなりますが、僕は「人間は変化するものである」という解釈をしています。そうすればあまり悲しくなりませんね。

Q35

自殺願望があって、
以前にリストカットしようとしていた子がいます。
その子とは学校以外で会うこともよくあるのですが、
そのときは明るいのですが、
学校に戻るとまた暗くなってしまいます。
どう私は切り替えて、接すればいいのですか？

中・高校生のリストカットなどの自傷行為はたくさん見られます。とても悲しいことです。本人も自覚していないのですが、自傷行為は言いたいこと（表現したいこと）が何かのことで抑えこまれていて言えないぶん、自分を傷つけるという行為で表現してしまうことです。

とくに親や先生には、普通の人でも思っていることはなかなか言えないものです。そして学校ではとくに元気がないのだとしたら、きっと学校のことについて悩みを持っているのかもしれません。

きみにできることは、たくさんはないかもしれません。

でも、**話を聞いてあげること**ならできるかもしれませんね。親や先生よりも、きっときみに対してのほうがずっと話しやすいはずです。そして**気持ちを聞いてあげることで、抑えこまれている重いかたまりを少しは軽くしてあげることができます。**

じつはカウンセリングとは、まさにそのことなのです。なかなか言えなかったことが、少しでも表現できることで驚くほど人の気持ちは変化します。

僕たちはそのような人たちをたくさん見てきました。きみも身近なカウンセラーになってあげてください。

Q36

私は、他人に合わせて「よく思われたい」という
気持ちが低めなので、
高い友だち（部活の先輩に尽くすなど）と、
一緒にいるとイライラすることがあります。
どうしたらうまく付き合えますか？

最終的には、「人は人、自分は自分」と割り切るしかないのかもしれません。でもその前に、他人に合わせてよく思われたいという気持ちの高い友だちのことを、理解しようとすることもたいせつです。

きみとはまったく違うタイプで、どうしても自分に自信が持てないか、あるいは目上の人をなぜか怖がってしまい、気にしすぎてしまうのでしょう。きみからすると、「先輩には礼儀正しく振る舞ったほうがいいけど、なにもそこまでしなくてもいいのに」と思うのでしょうけれど、本人からすればどうしようもないのかもしれません。

人はみな、それぞれ持って生まれた個性があります。もともと勝気な人、もともと気が弱い人、気兼《きが》ねしない人、気兼ねしてしまう人など、個性はさまざまです。

その個性にさらに家庭環境や生活環境などが加わり、人格形成《じんかくけいせい》がされていきます。だから身近な友だちでも、自分とはまったく違うものを持っているわけです。

しかし私たちは身近な人にたいして、「自分と同じように考えるべきだ」という期待を無意識に持っています。だから、自分と違う考え方や振る舞いをする人を見ると理解できないし、またイライラしてしまいます。

この「私と同じように考え、感じ、振る舞うべきである」という期待を、**「一体感**

Answer36

願望」と言います。

そして「一体感願望」が叶わないと、「あの子は変だ」、あるいは「あの子は間違っている」というように、相手を否定することにもなります。

しかし**相手は間違っているのではなく、きみとは「違っている」だけ**なのです。

だから、「あの子は自分とは違って、気が弱くて目上の人に気兼ねしてしまう、自分とは違う個性の持ち主なんだなあ」などと考えてみると、少しはイライラが減るかもしれません。みんな違う個性を持った、この世で唯一《ゆいいつ》の存在です。

Q37

彼女に夢中でしかたがありません。
どうすればいいのでしょうか？

恋愛はすばらしい感情です。彼女に夢中になれる熱い思いは、うらやましいぐらいです。

でもおそらくきみは、苦しさも感じているのでしょうね。恋愛感情はとてもここちよい反面、とても苦しいものです。好きな人のことがいつも頭から離れずに、顔や姿を想像してしまいます。

スポーツなど身体を動かしているときはそれほどでもないのですが、とくに勉強しているときなど、ふと息抜きをすると思い出してしまい、その顔や姿が頭から離れなくなります。勉強に集中しなければいけないとは思いながらも、なかなか集中できずに焦るばかりです。

そして独占欲も強くなり、いつも一緒にいて独り占めしたくもなるでしょう。当然、他の男子と話しているところを見ると嫉妬《しっと》を感じて、独占欲はいっそう強くなります。

そうするとさらに他のことに集中できなくなり、また焦るばかりです。とくに自分に強い自信がない場合には、この独占欲と焦りは強くなります。

しかし中・高校生ごろの思春期の恋愛としては、きわめて自然で健康なのですよ。恋愛の代表的な形と言ってもいいぐらいです。

恋愛は苦しいものです。だから素敵な感情でもあります。やがてきみが大人になって振り返ったときには、すばらしい心の記念になっているはずです。

さて、現実問題として、勉強などに集中できなくて困っているのであれば、「ここまでできたら、自分へのごほうびに彼女のことを5分間思い出そう」というように、**がんばるための原動力**にするのはどうでしょうか。

「思い出してはいけない」というのは無理な話ですし、よけいに思い出してしまい焦る一方です。だから思い出して想像してもよいのです。

自分へのがんばったごほうびに、恋愛感情を楽しんでください。

きっと、今までよりもがんばれるかもしれません。

Q38

最近自分がわからない。
時々、この人を好きかどうかもわからないし。
友だちと遊ぶときもほんとうは遊びたいのか、
遊びたくないのかも、わからないときがあります。
なんか自分の気持ちに素直になれなくて。
けっこう気をつかっちゃったりするのですが、
こういうときって、どうすればいいのですか?
小学校より中学校になってこう思うことが多くなりました。

小学校までは「好きか」「嫌いか」という感情を優先して友だちを選び、また接してきたはずです。

しかし中学生になったきみは、好き嫌いの自分の感情だけではなく、**互いの立場**（表面だけでも仲良くしといた方がいいだろう）、**周囲とのバランス**（その友だちのまた友だちとの関係）などを考え、言動《げんどう》するようになっているはずです。

きみが自分の気持ちに素直になれなくなっているのではなく、それはまぎれもなく、きみが**大人に近づいたということ**です。

もちろん感情だけで付き合うよりも疲れますが、小学生までのように感情だけで友だちを選んでいると人間関係が狭《せま》くなりますし、自分の価値観も広がりません。そして気をつかわない分、トラブルが起こることもあります。

中学生以降、大人になってもキーワードは常に「人間関係」になってきます。ときには気をつかってクタクタになることもありますが、自分とは違う考えや価値観、経験を持っている人との出会いがたくさんあります。

その出会いの中で価値観や生活観、生きることへの目的などが共感できる人にめぐり合うことがあります。そのような人と仕事をともにし、異性であれば結婚して家庭をつくっていきます。

中学生のころは、まだ親や社会に守られて生活していますので、「自分」というものがはっきりしていません。しかし学校ではすでに「社会性（周囲とうまくバランスをとって付き合うこと）」を求められるので、好きなのか嫌いなのか、遊びたいのか遊びたくないのかなど、自分でも混乱することが多いと思います。

しかしこれから高校生、大学生、社会人と成長していくことによって、悩みながらも自分づくりをしていくことで価値観や生活観、自分なりの生き方などが徐々《じょじょ》にはっきりとしていきます。そうすると「自分がしたいこと」や「付き合っていきたい人」が明確になっていきます。

ずいぶん先の長い話ですが、今すぐにそれが見つかることはないでしょう。人間は悩みながら自分をつくり成長し、親密になる人と互いに出会い、自分なりの人生を生きていくのでしょう。

Q39

友だちなどから、よく悩みを相談されます。
自分はあまり悩まない方なのですが、
たまに、何て返事をしてあげたらいいのかわかりません。
また、自分でもポジティブだとは思うのですが
友だちから「あまり考えてなさそう」などと言われます。
そうすると、自分の悩みが小さく感じてしまいます。

きみの言われることは、もっともだと思います。人によって同じことが起こってもまったく違いますよね。

では、何が違うのかと言うと、**「受けとめ方」が違う**のです。

たとえば朝から雨が降っていたとします。ある人は、「最悪の一日だなあ」と嫌な気分になっています。しかしきみは、「ラッキーな楽しい一日になるなあ」と喜んでいるとしてください。その違いは何かと言うと、「雨が降っている」という**出来事に対する「受けとめ方」の違い**です。

「最悪だ」と思う人の受けとめ方は、「服や髪がぬれて台無しだ」というマイナスの受けとめ方で雨を見ている人でしょう。でもきみは、「お気に入りの傘を買って、それを今日は友だちに披露《ひろう》できる」という、受けとめ方をしているのかもしれません。当然ラッキーで楽しい一日になるはずです。

「出来事」が人を不幸にしたり、台無しにしたりすることはないのですよ。すべてはその出来事に対する「受けとめ方」なのです。

告白してフラれても、「あの人と自分は感性が違ったのだなあ」と受けとめれば、少々落ちこんだとしても悲観的になることはありません。でも、「自分には女性としての魅力がない」と受けとめれば悲観的になります。

勉強やスポーツで失敗しても、「自分の欠点に早く気づけてよかった。何とか克服しよう」と思えばやる気につながります。でも、「自分はやっぱりだめなんだ。どうせ能力がないんだ」と受けとめればやる気などわいてきません。

大切なことは「出来事」が人を不幸にすることはないということです。うまくいかなくても、失敗しても、フラれても、「これが自分を成長させてくれるチャンスだ」と受けとめることです。

「プラス思考」とは「心のクセ」です。もし想いもよらないような出来事が起こっても、「成長できるチャンスだ」というクセを身につけてくださいね。その「心のクセ」がきみの人生をつくっていきます。

Answer39

Q40

今、部活の中で少し割れちゃっている気がします。
ミーティングをしていても発言するのは同じ人で、
それ以外の人は、「どーでもいい」と思っているそうです。
でも同じ部活の部員をしていて、チームワークが大切だし、
仲良くしたいのですが。
直接言っても、陰で言われるのなら無意味かと思います。
どうしたらいいでしょうか？

きみの気持ちは、僕も個人的に共感します。よくわかりますよ。だってシラケているのは残念だし、せっかくやっているのだからみんなでアツくなりたいですよね。

でもね。シラケているように見える人も、じつはそれはポーズで、シラケたいわけではないことがほとんどです。

まあイジケているのかもしれませんね。口の立つ人（論理的で、しゃべるのが得意な人）が話し出すと自分の話すタイミングが見つからず、欲求不満になっているのかもしれませんよ。

うまく自分の意見が言えず、しゃべるのがうまい人に優先権をとられてしまい、それが癪《しゃく》に障《さわ》るわけです。だから自分の意見が通る見こみが立たず、「どーでもいい」とシラケ、イジケるのでしょうね。

心理学の考え方に、**「参加の原理」**というものがあります。それは人間がシラケ、積極的に動こうとしないのは、「自分は参加していないからだ」という考え方です。

つまり、うまく自分の意見を伝えることができず、また意見を聞いてもらえない人は、**「自分はその活動に参加している」という実感が持てない**のでシラケるのだ、ということです。

Answer40

このことを逆に考えてみると、解決策のようなものが見えてきませんか？

つまり**意見を言ってもらい、まずはみんながそれを一生懸命に聞く**ことです。そうすることで、「自分は意見を言えた。そして聞いてもらえた」という実感を持てば、「自分は参加した」ということになり、態度が変わる可能性は高いはずです。

そのためには、その〝シラケ組〟の人たちに意見を言ってもらうことが先決です。そして、その意見がどのような意見であってもまずは〝聞く〟ということを徹底してみることです。ただし、しゃべるのがうまい人には事前に話をしておいて、その日は黙っていてもらってください。

人は自分が意見を言えて、みんなに聞いてもらえると、「自分も参加している」という感覚になり〝やる気〟も出てくるものです。

Q41

友人に迷惑をかけて、

「相手は私のことをどう思っているのだろう」

と思って、悩むことがあります。

どう対応したらよいでしょうか?

きみが困っているのは、「相手は私のことをどう思っているのだろう」という不安ですから、ズバリその相手に聞いてしまってはどうでしょうか。

「迷惑かけてごめんね。じつはどう思われているかな、と思うと悩んじゃって」と、素直に聞いちゃうのが、手っ取り早いかと思いますよ。

たとえ相手が本心を言ってくれなくても、きみが自分の気持ちを気づかってくれていることがわかればうれしいはずです。

相手の気持ちがわからなくて不安なときは、**正直に聞いてしまうのが一番**でしょう。

もちろん、ちょっとの勇気は必要ですが、聞いてみないと人の気持ちはわからないものです。

Q42

部活で、最近人間関係がうまくいきません。自己主張ばかりして、人の意見を聞いてもらえないのです。どうやったら、話を聞いてもらえるようになりますか？円滑に人間関係を進められますか？

まず、「話を聞いてください」と言っても、他人の話を聞く習慣が身についていない人には効果がありません。

そのような場合には、**みんなでルールを決める**ことをおすすめします。

①話し合いの場では他人が発言しているときはその意見を黙って聞くこと。

②他人の意見を聞けない人は、その意見を聞いて自分の自信がぐらつくのではないかという恐れを持っている人である。つまりほんとうは自信がない人である。

③他人の意見を聞かずして、信頼関係は築けないものである。

以上のような確認事項を紙に書いて部室に張っておくといいでしょう。これらのことは民主主義の原理です。

そして話し合いを持つときはボールを一つ用意します。ボールを持っている人だけに発言権があり、ボールを持っていない他のすべてのメンバーは黙って話を聞くことにします。発言したければボールが回ってくる順番を待たなくてはなりません。

このような、**〝誰の目にもはっきりと確認できるルール〟**を設けることで、「聞いている、聞いていない」というトラブルは避けることができるでしょう。そしてこのルールを守ることで、他人の意見を聞く習慣も自然に身についてきます。

Q43

どんな人とでも、仲良くなるにはどうすればいいですか？

残念ながら、すべての人と仲良くなるのは難しいかもしれません。

「仲が良い」というのがどのレベルかにもよりますが、「親友」と呼べる人は誰にとっても人生の中で一握りのはずです。

しかし、すべてとは言わないまでも、多くの人と仲良くなる方法はあります。

それは簡単なことですが、実行するには少し勇気がいるかもしれません。でも、ぜひ実行してみてください。

まず学校に行って顔を合わせる人に、「〇〇さん（くん）おはよう」と**名前を呼んであいさつする**ことです。名前を呼んでもらってあいさつされて、嫌な気分になる人はまずいません。もちろん、帰宅するときにもできるかぎり名前を呼んで「バイバイ」のあいさつをします。

そして**他人をよく観察する**ことです。

よく見ていると、誰にでも必ずいいところがあります。勉強ができるとか、スポーツが得意とかだけではなく、「消しゴムを貸してあげているのを見て、やさしいところがあるなあって感心しちゃった」などの、小さなことでもいいのです。

人は、いいところを見てもらうことで自尊心が高まります。だから自尊心を高めてくれたきみに好感を持つはずです。

それはほんの「ひとこと」でもいいのです。

名前を呼んでもらうこと、自分のいいところを見てもらえること、この2つは人間にとってもっとも気持ちのよいことです。

友だちだけではなく、すべての人にたいして実践してみてくださいね。

Q44

友だちってなんですか？
友だちに定義《ていぎ》ってありますか。
ずっと気をつかっている相手は友だちですか。
独りじゃいけないんですか。
友だちは必要ですか。
なぜ周りは群れをつくるんですか。

友だちって、なんでしょうね。この質問に明確に答えられる人は、きっと少ないはずです。やはり「友だち」に定義はないからです。

クラスメイト、遊び友だち、メル友、塾や習い事の友だち、ちょっと仲のいい友だち、そして親友。さまざまな交友関係をきみも持っていることだと思います。

そしてなかには、自分を取り巻くいろいろな人たちを、すべて「友だち」と表現する人もいます。親友以外は「ただの知り合いの人だ」、という人のほうが少ないはずです。

ではなぜ、自分の生活圏での同年代の人を「友だち」と呼ぶのかというと、その「集まり」の中で自分が受け入れられていて、**安定した居場所**になっているからでしょう。あるいは、自分の居場所がそこにはある、と思いたいのかもしれません。

人はだれでも「居場所」を求め、そこでの人たちに自分を受け入れられたいと思うものです。なぜなら**人間は、「孤独感《こどくかん》」と「疎外感《そがいかん》」には耐えられない**からです。

マザー・テレサの残した言葉に次のようなものがあります。

「人間にとって耐え難《がた》い苦痛は、貧困や飢餓、伝染病ではない。それは〝孤独〟であ

る。そしてその孤独とは、人里離れた山奥でひっそりと暮らす孤独ではない。その孤独であれば、まだあきらめがつく。そうではなく、自分の身近に知人や友人、家族がいるにもかかわらず、誰も自分をわかろうとしてくれない孤独こそが耐えがたい苦痛である」

というものです。まさしくそのとおりでしょう。

そして心理的に「孤独」が耐えられないということと、もうひとつの「群れる」理由があります。それは**自己保存（防衛）本能**としてということです。

人間は古来より集落をつくって、その中の一員として、または一家族として生活していました。その目的の第一としては、互いに協力し合い、助け合って生きていく必要があったからです。食料や水、薬など、家族が多くて子どもたちが飢えるような状況になったときに、集落の人がみんなで助けてくれることで命がつながるわけです。

また、外敵《がいてき》が襲《おそ》ってきたときには、やはり集団の方が防御《ぼうぎょ》は強くなり、生き残れる確率は格段《かくだん》に増すことでしょう。

このように**心理的な理由と、生存するための理由により、古来より人間は「群れ**

る」必要がありました。

しかしこのことは遠い昔だけのことではなく、日本でもついこの前まで地域社会での結びつきが強く、集落、村などが一般的なコミュニティーでした。映画『三丁目の夕日』が大ヒットしましたが、昭和40年代ぐらいまではあのように隣近所の人たちが強い結びつきを持ち、助け合って暮らしていたのです。

「村八分《むらはちぶ》」という言葉があったように、規約違反《きやくいはん》などにより村の秩序《ちつじょ》を乱したものや家族に対して、葬式と火災のとき以外は助けることもなく絶交することもありました。これもよい・悪いという判断はできず、秩序を守り助け合って生きていくためには致《いた》し方ないことだったのかもしれません。

ただし、現在ではそのようなこともほとんどないはずです。特に都市部においては「自治会《じちかい》」はあっても、従わなければ絶交されるということもありません。

そして生活環境が充実・安定し、隣近所や地域社会に頼らなければ生きていけないということもありません。つまり、実際には「群れる」必要なく暮らしていけます。

しかしながら、古来よりずっとそのような暮らしと人間関係の中で生きてきたので、「群れないと生きていけない」というメッセージが本能にインプットされています。

特に子どもを抱え、コミュニティーの援助を受けながら生きていく必要のある女性の方が、「群れる」という本能が強く、それだけに男性と比較してもコミュニケーション能力が高いことがわかっています。つまり「群れ」の中にうまくとけこみ、よい関係を維持しながら、村八分にされることなく、子どもを守り安全に生活する能力が高いということです。

実際に、僕が住んでいるマンションの住人で、以前はあいさつすらしなかった女性ですが、子どもを出産した直後から愛想がよくなった人がいます。その変化は正直、驚くほどの変化でしたよ。

つまり、一般的には女性の方が「群れる」という本能が強く、それはごく自然のことであること。そして男女を問わず、人間は孤独感と疎外感には耐えられないということから、友だちを必要とするのでしょう。

また友だちと触れ合うことで、悩みの援助をしてくれたり、自分が持っていなかった価値観を受け取ったりすることもできます。

僕にも「親友」と呼びたい友だちが数人いますが、会うと「友だちはいいものだなあ」と思います。

さて、きみの質問への回答ですが、「群れないといけない」わけではないと僕は考えます。理由もなく不安になり、とにかく「群れる」ことでその不安を何とかしようとするのは疲れるばかりですし、親友ができない原因にもなります。もちろん「とりあえずみんなに合わせておく」ことも場合によっては必要です。

でも、とりあえず合わせてばかりだと、深い会話にもならず価値観の共有もできません。親友であれば、互いに言いたいことを言えるでしょうし、たとえケンカをしたとしても仲直りしてさらに親しくなったりもします。それはやはり、深い会話と価値観の共有など、ほかの友だちよりも大きな信頼があるからです。

そのような「親友」は一生を通しても何人も出てくるわけではありませんが、一人でも、二人でも親友がいるだけでべつに群れなくてもさほど不安を感じることもないでしょう。

ただし、群れる必要はありませんが、**周囲の人に「協力的」にかかわることは大切**なことです。あるいは親友ではなくても、誰かが困っているときには「助ける」ことも大切なことです。きみに一人でも信頼できる友だちがいて、それ以外の人にも協力

Answer44

と援助をしているのなら、群れなくてもいいはずです。

でも「友だちなんか一人もいなくてもいいじゃないか」というのであれば、少々意《い》固地《こじ》になっているかもしれませんね。

自然な人間のあり方は、直接助け合う仲ではなくても、どこかでわかり合っていて「心の中でつながり、助け合う」関係がほしいものです。だから、たまには自分の弱さを表現できる素直さが大切ですよ。

Answer44

Q45

母に対しての気持ちが、今「ウザい」なんです。
自分を生んでくれて、今まで育ててくれたのに。
言うことが突然変わったり、
悪いことは言っていないのに、
いきなり怒り出したりもします。
怒っているときは、
スルーしてあげたほうがよいのでしょうか？
もう、何が何だかよくわかりません。
自分もそれですごくストレスがたまっています。

そう。きみの言うとおり、お母さんが感情的なっているときはスルーしてあげてください。一般的には（もちろん個人差がありますから一概には言えませんが）、女性の方が感情が表面に出てしまいやすいようです。これは「男性脳」、「女性脳」と言われているようですが、脳の機能の違いにあるようです。

そして子どもの生活の面倒を四六時中見ていることと、我が子を産んで育てているという意識から、余裕がなくなりついつい感情的になってしまうのは避けられないといってもいいでしょう。

そして、「どうしてそんなに感情的になるの？」とたずねても、本人にだって理由がわからないことが多いようです。本人にだって理由がわからないのですから、きみにわかるはずがありません。だからきみの、「もう何がなんだかわかりません」というのは「フツー」なのかもしれません。

でもきみの言うとおり、お母さんは我が子に対して、社会に出たときに恥ずかしくないようなしつけをしておかないといけない。基礎学力はしっかりと身につけられるように、勉強することを奨励《しょうれい》しないといけない……など、親としての義務を精一杯《せいいっぱい》こなそうとされているはずです。

でも当然きみは、その期待をパーフェクトにかなえることもできないでしょう。人間は思いどおりに物事が進まないと、誰だってイライラするものです。

それだけではなく、家事のことや家計のこと、お父さんとのコミュニケーションやご近所付き合い、お母さん自身の体調など、きみがわからないイライラの理由は数え切れないぐらいあるはずです。それはおそらく、お父さんだって同じだと思います。家族であっても、互いにわからないことはたくさんあるものです。

だから、お母さんが感情的になっているときは、「これは通り雨のようなものだ」と思って、スルーしてあげてください。それはお母さん自身にとっても、その方がありがたいこともあります。イライラした自分に後で気づき、自己嫌悪になることがあるものです。だからあまり深くツッコむのはやめておきましょう。

そしてそういうときには、「なんか手伝うことがあればやるよ」と言ってちょっとサポートしてあげてください。そのことでずいぶん空気は変わるはずです。

何よりも感情をぶつけられるのは、きみが一番身近な存在だと思っているからです。

Q46

男は絶対に浮気するってほんとうですか。

うーん。やはり出ましたか、この質問。まず動物学的には、浮気をするということになります。動物の本能には「種《しゅ》の保存」というものがあります。これは自分が死んでいなくなっても、自分の種族《しゅぞく》を継続させていくという本能です。

そのためにオスは、できるだけ多くの自分の精子を卵子に受精させ、種の存続の確率を上げる必要性があります。しかもメスとの相性もありますから、できるだけ多くのメスに受精させることで、さらにその確率を上げようとするものです。

そして人間ももちろん動物の一種ですから、その本能はＤＮＡにインプットされています。簡単ではありますが、これが動物学的には人間も浮気をする可能性があるというものです。

しかし**人間は「まんま動物」ではありません。**その本能を踏《ふ》まえた上で制度や法律を設け、トラブルが起こらないように対処してきました。

まず結婚という制度は、全世界的に採用されていますが、一部の国を除いて「一夫《いっぷ》一婦制《いっぷせい》」です。これは結婚という社会的な取り決めをし、周囲にも承認されたら、「二人は互いに信頼し尊重し合い、家庭という単位を安定して経営していく義務と責任がある」というものです。

Answer46

その中で浮気は法律に触《ふ》れ、罪に問われる国もあるようですが、日本では法律にも触れないし、罪にもなりません。

ただし、「倫理」という枠組みで見ると妻（夫）を心理的に傷つけ、家庭不和のもとになるという観点から非難されますし、軽蔑《けいべつ》もされます。

夫が浮気をしていることを承知で、「行ってらっしゃーい」という妻はまずいないはずです。このようにパートナーを深く傷つけ、信頼や愛情を損《そこ》ない、家庭不和にすることから、浮気は「不倫」つまり倫理を違うことになるわけです。

そこできみの質問に対する、僕なりの回答ですが、**「オスは浮気をするものである」、しかし「人間の男性は動物とは違い理性を働かせ、結婚の意味を意識し、パートナー（妻）の心情を大切に想いながら、協力して子どもを温かく育《はぐく》むものである」**ということです。

ただし、たまに「人間としての男性」が「オス」の要素に負けてしまう人がいることも事実です。あるいは心理的な不満を浮気で解消しようとする、弱い人がいることも事実です。でも「絶対」ではないこともまた事実ですよ。

Q47

そこまで話さない人と、どうしても仲良くなりたいです。どうすればいいですか？

「そこまで話さない人」というのは、「日ごろ、親しく会話していない人」という解釈でいいのですよね。

きっときみにとっては気になる人なのですよね。でもきっかけがなかったり、タイミングがつかめなかったりで「話したい。仲良くなりたい」と思ってもそのまま、というところでしょうか。

では、「仲がいい友だち」になるために、「仲がいい」とはどのようなことかを考えてみよう。

まず家が近いとか、同じクラブに入っている、同じ塾に通っている、趣味が同じ、好きな芸能人が共通している、ファッション・センスが似ている、応援している野球（もちろん他のスポーツでもいいですし）チームが同じなど、つまり話題が合うということかもしれません。話題が合えば、時間が経つのも忘れるぐらいに楽しくて盛り上がります。

つまり**二人に共通点があることは、互いに理解も早く、親密になる大きな要素**だということです。逆にどんなにあこがれていても、話題がまるで合わないと、楽しくないし、かえって一緒に居ることに苦痛を感じるかもしれません。

では仲良くなる方法としては、**相手の好みや趣味を知ること**からはじめてみるといいかもしれませんね。

相手の様子をよく見ていると、ある程度の好みや趣味がわかるかもしれません。あるいは周囲の友だちにそれとなく聞いてみて、その人の趣味や興味のあることを教えてもらってもいいでしょう。

その情報をもとに、ちょっとタイミングを見計《みはか》らって話しかけてみることです。

「○○さんって、△△が好きなんだってね。このまえ友だちと話しているとそんな話が出てね。私（僕）も好きなんだ」

などと、まずは話題を振ってみることです。そこから話がはずめばそれで成功ですし、でもそれ以上話が続かないようなら無理をする必要はありません。

無理に話を続けようとするとぎこちなくなり、二人ともどうしてよいかわからない空気になって、つぎに顔を合わすのが気まずくなるかもしれません。

だから、あくまでも自然に。話が続かないのなら、またつぎの機会にすればいいのです。そして自然な機会がすぐに来ないのなら、3ヶ月でも半年でもそのままにしておくことです。

その人は自分の好きなことや興味のあることを知ってくれていて、声をかけてくれたきみに対して少なからず好印象を持っているでしょうから、「そのとき」が来れば仲のよい友だちになれるかもしれません。

でも人間関係は思ったとおりにならないことがたくさんあります。きみがいくら仲がよくなりたいと思っていても、なぜか近しい関係になれないこともあるでしょう。

そしてその逆に、気がついたらなぜかとても親しくて仲のよい親友ができていることもあるでしょう。

人間関係は、**「やるだけのことをやって」あとは、「自然に任せて待つ」**ことが無理のない結果を生むことが多いものです。

Q48

恋って罪ですか?

これは興味深い質問ですね。表現が詩的でさえあります。

まずはきみも知っているとおり、恋をしたから犯罪になることはありません。

もちろん、きみは法律について質問しているわけでもないでしょう。もっと抒情《じょじょう》詩的《してき》な意味の質問だから、たいへんおもしろいと思います。

僕個人的には、「恋は罪だ」と思います。

まず恋は苦しいものです。その人のことで頭の中がいっぱいになって、胸がはりさけそうになって、勉強も何も手につかなくなってどうしようもなくなります。「こんなに苦しいのなら恋なんてするんじゃなかった」とさえ思うかもしれません。

その人が自分を見てくれたらうれしくなり、他の異性と話しているところを見たら嫉妬心で心がかきむしられるような気分になります。

その人のことが好きで、顔を見たくて、声を聴きたくて、手をつなぎたくて、独占したくて、○×◇#★※（ここでは書けません）。もうフツーの状態でいられなくなります。

その人を守ることができるなら、世界中を敵に回してもいいような気分にさせます。100メートル走を10秒切れそうな気にさせます。やっぱり恋は罪です。

でも、胸がかきむしられるような切ない気持ち、そして、熱い気持ちにさせてくれるから恋はすばらしいものです。喜怒哀楽の情緒を感じるからこそ、〝生きている〟という実感を味わうことができます。青春に恋はつきものです。

そして、その相手と結ばれて家庭を持つと、じつはいろいろと面倒《めんどう》な問題が出てきます。言い争いのケンカにもなるかもしれません。一時は顔を見るのも嫌になるかもしれません。「もうわかれちゃおうか」なんて考えることもあるかもしれません。

それでもじつは、心の中には凍結《とうけつ》していた「あの恋心」が、しっかりと宿《やど》っているものです。それはふと思い出したときに溶け出して、大切なことをまた思い出させてくれるものです。よくない感情的な思いをいさめてくれるでしょう。

「なんやかんや言っても、やっぱり一緒に人生を歩いていこう」なんて。熱烈な恋はすばらしいものです。

恋は罪です。人生に戸惑《とまど》いと喜びを与えてくれます。

3章　人生の悩み

人間、生き方、愛、死……

Q49

カウンセラーの仕事が、
嫌になるときってないのですか。
もしそうなってしまったら、どうするのですか?。

僕が最初に社会人になったときは、商社マンからのスタートでした。

そしてその仕事に失敗して、つぎに人事《じんじ》教育《きょういく》コンサルタント、またそのつぎには幼児教育の事業を手がけ、また失敗。はたまたレストラン・バーの経営、そして30歳のときに〝心理カウンセラー〟という、今の仕事に出会いました。

びっくりするでしょうけれど、僕は失敗だらけの人生を歩いてきました。これは決して自慢《じまん》にはなりません。失敗しなくても人生や仕事について大切なことを知っていれば、失敗しなかったはずだからです。

だから、僕がたくさんの失敗をしたということは、その「大切なこと」を身につけていなかったからでしょう。つまり失敗をたくさんして、はじめて気づいた、身についたということでもあります。

僕が心理学を教わった衛藤信之《えとうのぶゆき》先生という人がいます。僕の今の師匠《ししょう》です。この人は、**「人をどれだけ楽しませることができるか。人をどれだけ助けることができるか。人をどれだけ幸せにできるか」**、それが仕事なのだと教えてくれた人です。

どんな仕事についても、嫌なことや不満はたくさんあります。仕事をかえても、また違う嫌なことや不満が出てきます。そしてまた仕事をかえても……。

「仕事自体が楽しいものでなくてはならない」と思うと、つらいことが出てくる仕事は嫌になります。

でも、「自分にとってはつらいけれど、この仕事をすることで誰かが幸せになる」と思うと、やりがいを感じ、楽しくさえなります。

何が言いたいのかというと、僕はこの心理カウンセラーという仕事が（つらいことはあっても）大好きです。

しかし今になって考えてみると、過去に経験した仕事はどれもみなそれぞれの仕事内容は違っても、**じつは何かのことで人を幸せにできる仕事だった**ということに気づきました。その中でも心理カウンセラーという仕事が自分の適性にあっていて、だから人の役に立つことができるから好きなのです。

きみも近い将来、仕事を選ぶときが来るでしょう。そのときには、「自分はどんなことで人を幸せにしたいのだろう」という視点で仕事を選んでくださいね。

Q50

最近、おもしろいって思うことがないんですけど。
友だちといて楽しいとは思うんですけど……
なんかつまんないです。
どうしたらおもしろくなりますか?

なるほど。気持ちはよくわかります。

たぶん、きみの言う「おもしろい」は、「時間が経つのも忘れるぐらいに夢中になれること」、あるいは「達成した喜びがあること」ではないでしょうか。

友だちといると話がはずみ、確かに楽しいのですが、きみの言う「おもしろい」こととはまた違うのでしょうね。

イチロー選手が、20歳で首位《しゅい》打者《だしゃ》を獲得したときのコメントは、「最近の若い人は、楽しさをかん違いしていると僕は思います。僕の中の楽しさとは、人の何倍もバットを振って汗を流し、手に血をにじませ、その中で〝自分は成長、進化している〟という感覚がほんとうの楽しさだと思うのです」というものでした。20歳といえども、一流の人は精神的な部分においても、やはり一流ですね。

つまり「楽しさ」や「おもしろさ」とは、**「夢中になることを見つけ、その中に自分を没頭させ、そして成長している」感覚**です。それはスポーツであったり、楽器であったり、絵画であったり、または数学や歴史などの学問であるのかもしれません。

それが簡単に見つかればよいのですが、自分でも「何がしたいのかわからない」ことのほうが多いものです。親からの提案でピアノやダンス、学習塾などの習い事に通い、言われるままに続けてきたけれど、ほんとうは自分でも好きなのかわからない。そういったケースは多いのだと思います。だから、「自分でも好きなこと、夢中になれることがわからない」ということになりがちです。

歌舞伎《かぶき》役者の話です。歌舞伎役者は伝統芸能ですから、何代にもわたって続く家に生まれ育ちます。だいたい2歳ごろから、親の指導のもと歌舞伎をはじめ、3歳で初舞台を踏むそうです。それは、もう「好き」とか「興味がある」という問題ではなく、「やらないといけない」わけです。

それがどんどんつらくなって、歌舞伎が嫌になるときが必ず来るそうです。しかしそれでも続けないといけないわけですが、やがて変化してきます。

それは、歌舞伎の中でいかに自分をいかしていくか、いかに自分を高めていくか、という思考になったときだそうです。まさに「自分が成長、進化していく」感覚です。

そうすると、人に言われなくても夢中になって稽古《けいこ》し、歌舞伎に没頭していくというのです。**「人から与えられる感動」はやがて飽《あ》きてつまらなくなりますが、「自分で生み出す感動」は永久に続きます。**人生を楽しんでいる人は、自分で感動をつくっている人です。

でもこういう話をしても、きみが今すぐに「夢中になれること」を見つけるのは難しいでしょう。

そこで僕からの提案です。心理学を学んで、「人間にとって〝おもしろさ〟とはどういうものなのか」あるいは、「人はどうすれば夢中になれるのか」というテーマで研究してみてはどうでしょうか。

今では書店に足を運ぶと、わかりやすい心理学の本がたくさんあります。きみが疑問に思うことを、自分で解決してみることが一番夢中になれると思いますよ。

やがて、きみと同じような疑問を持っている、たくさんの人を助けることができます。そしてそのことで、きみ自身が〝成長、進化〟していきます。どうかなあ。

Q51

人はなぜ、争《あらそ》いをしなければ
生きていけないのでしょうか？

深い質問ですね。ありがとう。

人が意見の違いから争ったり、自分の立場を守るために争い人を傷つけたり、利益を守るために争い戦争になったりすることは、つらく悲しいことです。

じつは、イルカの世界には争いがないそうです。イルカは同種間で争ったり、傷つけたりすることは一切ありません。

なぜかというと、イルカには「自我《じが》」が無いからです。自我というのは、「自分という意識」のことです。だから、自分と相手を分けて考えることがありません。対立もありません。「自分と相手」ではなく、「自分は相手と同じで、相手も自分と同じ」ということになります。

しかし、私たち人間には「自我」があります。この**「自分という意識」は、自然に「自分と相手を分ける」意識**へとなり、みんなやはり自分が一番かわいいですから、「相手よりも自分の方がよくなりたい」ということに結びつきます。

それが、**「他人を蹴落《けお》としてでも、自分が得したい」**と暴走を始め、さまざまな争いになっていきます。

でも、友だち同士でも、夫婦でも、仕事でも、国家間でも、**争って勝利して幸せに**

はなりません。友だちと争い、勝つごとに一人ずつ友だちを失っていきます。夫婦で争って勝ったとしても、家庭は殺伐《さつばつ》とした雰囲気になって、家族全員が不幸な気分になります。

「勝ち組、負け組み」という言葉が流行《はや》りましたが、負ける人がたくさん出てくる社会は、勝った人まで含めて、誰も安心できない社会になります。戦争で勝利しても、恨みを買い、いつもテロの恐怖から逃れることができません。人間とは、ほんとうに愚《おろ》かな存在ですね。

争いは、個人の人間関係から国家間の対立まで、結局は不安や恐怖、孤独しか生み出しません。つまり、「自分一人だけ幸せになる」ことは不可能だということです。家族みなの心がつながり、いたわりあい、健康でなければ、「私」も幸せにはなれないということです。究極《きゅうきょく》は、地球に住んでいる人がみな幸せでなければ、自分の国だけ幸せにはなれないということです。

だから、人間に対するこれからのテーマは、「自分さえよければ」という「自我」をいかに乗り越えることができるか、ということでしょう。

その、もっとも大切なテーマを解決に向けてくれる要素は、身近な人を大切にすること、弱者《じゃくしゃ》へのいたわりや思いやり、節度《せつど》（ほどほどにしよう、という感覚）や、正義感、倫理観など、**「心の問題」**だと僕は思います。

それは、しつけや親がお手本になってしめす家庭教育であり、道徳の授業などを通じて学校教育が柱になるはずです。偏差値の高い学校を目指すことも大切なことですが、「誇《ほこ》り高き心」を養うことの方が重要だと思います。

かつての日本には、そのような「誇り高き心」を大切に養う教育がありました。今は残念ながら「他人に勝つこと」に心を奪われ、それを忘れている時期なのでしょう。

時間はかかるかもしれませんが、僕はみなさんと一緒に**「誇り高き心」を持つ人が、たくさんいる社会**を創っていきたいと思います。ぜひ協力してくださいね。

Q52

人生ってなんですか？

哲学的な質問、ありがとう。そう。人生ってなんでしょうかね。

僕も子どものころから漠然《ばくぜん》とは疑問に思っていても、しっかり考え悩んだことがなかったので、いい機会です。一緒に考えましょう。

まずは当たり前のことですが、文字通り**「人として生きる」**ということでしょう。動物のように生きることではありません。では、人間と動物の違いは何かというと、**考えたり、悩んだりするのが人間**だということです。

もちろん動物にも感覚器官《かんかくきかん》はありますから、感じることはできます。そして遺伝子情報や過去体験した情報の蓄積《ちくせき》によって「反応」はしますが。考えることはしません。

たとえばある日、３日分の餌《えさ》を目の前に出されたとします。犬であれば何の躊躇《ちゅうちょ》もなしに一気に食べだすことでしょう。

しかし、僕が３日分の餌を突然目の前に出されたら、考えこんでしまいます。「なんで今日に限って３日分なの？」「ご主人は旅行にでも行くのかな？」「もしかして引越しをして、僕だけおいていかれるのかな？」「そうであればこれからどうやって生きていけばいいの？」「じゃあ、できるだけ多くの回数に分けて食べないとすぐになくなっちゃうよ」と、あれこれ考え、悩むはずです。

人間には他の動物とは違い、**「時間観念」**というものがあります。つまり、現在から思考を広げて、過去のことを思い出したり、未来を思い浮かべたりすることです。

もちろん、動物にも過去の出来事をインプットして、それを引っ張り出す能力はあります。しかし、それは「あそこに行って危険な目にあった」など、危機回避《かいひ》のような「反応」として使われることはあっても、くよくよと思い出して悩むことはありません。ましてや未来のことを思い、ウキウキしたり、またその逆に不安になったりすることなどありません。

未来を思う能力は「AとBをつなげたらどうなるだろう」という想像力でもあり、それが新しいものを創造《そうぞう》することにもなります。この**「想像力」と「創造性」**が、人間が他の動物と違い、すばらしいところのひとつです。

しかし、同時にこの「時間観念」があるからこそ、人間は悩むのです。「今、ここ」の現在から離れて、過去のことを思い出し、その中でもよくなかったことを集めて、「こうなったらどうしよう」と未来に悪い想像をして不安になり、怖くなり、または最初からあきらめたりして悩むのでしょう。だから、**もともと人間は「悩むように創られている」**わけです。

そして、動物との違いのもうひとつは先ほども触れましたが、人間には「自我（自分という意識）」があるということです。他の動物には人間のような自我はありませんから、他の仲間と自分を分けることもないので、人間の言う「寂《さび》しさ」は感じません。

しかし、人間はその強い「自我」ゆえに、**他人と自分を区別していますから、「寂しさ」を感じます。**身体も意識も分かれていて、他人とはつながっていないことを認識していますから、基本的にはいつでも寂しいのです。

だから、何とか人に近づき、コミュニケーションをとって友だちをつくり、つながろうとします。家族も、同じ屋根の下に暮らしているとはいえ、自分のことをわかってもらえないと寂しくてしようがないのです。そのため、人間は他の動物とは違い、人間関係でうまくつながれないと「寂しさ」を感じ、「もともと悩むように創られている」わけです。

さて、ここまでは「人間は悩むように創られている」という、つらい話ばかりになりましたが、それだけではありません。それらの**悩みや寂しさを乗り越えたときには、**

その何倍もの達成感や感動、愛情を得ることができるのです。

もちろん、そのためには悩みを乗り越えるために必要な工夫やチャレンジ、常に学ぶことなどは当たり前でしょう。あるいは誰かとつながり、心を通わせるために出会いと別れを繰り返し、つらい思いもすることでしょう。

しかし、「やり続けること」で必ずその瞬間は訪れます。余談《よだん》になりますが、「成功者」の共通点は、「成功するまで、成功する方法を悩み考えながら、やり続けた」ことにあります。途中であきらめてやめてしまうから、「失敗」という結果が残るだけです。

だから、悩み続け、でも学び続けてそれをやり続けることで、きみに必ずその瞬間は訪れます。おそらくは目の前が一気に、パーッと明るく開けるような瞬間です。「光と陰」のような関係です。陰があるからこそ、光が差してきたときの暖かさと明るさに感動するのです。

たとえば、何でもほしい物がすぐに手に入るとします。その状態がずっと続けば、きみはやがて、感動も喜びも感じなくなります。なぜなら、その状態が「当たり前」になるからです。しかし、ほしい物がなかなか手に入らず、1年以上がまんしてようやく手に入ったときには、ものすごい感動や喜びを感じるはずです。だから、**「陰や悩み」がある方が、人生は感動的**であるとも言えるでしょう。

そして、人間には「想像力」と「創造性」があります。この能力があるからこそ、人生を自分でデザインできるのです。他の動物は、「生き方を自分でデザイン」するようなことはありません。生命として誕生し、犬ならば犬の種として生き、子孫を残し、バトンタッチして死んでいくわけです。

しかし、人間は**誕生して死ぬまでの間を、自分でデザインすることができます。**

何を学んで、自分の能力のどの部分を高めるのか。趣味やスポーツは何を選ぶのか。職業は何を選ぶのか。どのような仕事をするのか。どのようなことで人や社会を幸せにするのか。誰に恋をするのか。誰と結婚するのか。どのような家庭をつくるのか。子どもをどのように育てたいのか。子どもにどのような教育をするのか。そして、その集大成《しゅうたいせい》として、どのように人生を生きるのか。**人生の意味を創りだすのは、自分次第です。**

でも、選べてデザインできるからこそ、また人間は悩みます。選んだものが自分にぴったりで、すべてがうまくいく保障など、まるでないからです。

「自分にとって正解の人生」など知っている人は、この世に一人としていません。迷い悩んだあげく、「これだ」と思って選んだものが全然うまくいかない、なんてことが人生では、山ほど出てきます。だから、後悔し、自信をなくし、そして未来にも不安を感じ、うずくまってしまうことだってあるのです。

しかし、それでもまた何とか立ち上がり、一歩を踏み出し乗り越えていく。そして、乗り越えるごとに人として成長していきます。チャレンジし続けた人が、人間として成長し、誇りを持って生きることができるはずです。

「誇りを持って生きる」とは、なにも「立派な人になれ」ということではありません。それは、「つらいこともあるけれど、自分の人生から逃げない」ということです。

もちろん、社会に出ると、理不尽《りふじん》（理屈に合わない）なこと、理想と現実のギャップ、人間の弱さや醜《みにく》さなどにしばしば出会います。僕自身もそのようなことにたくさん出会ってきました。

でも、悩み考え、学び成長することをあきらめなければ、必ず乗り越えていけるものです。そのときには、すごい感動がありますよ。「自分は生きている！」という実感は、そのようなときにこそ味わうことができるものです。

最後に、人生とは「お金持ちになって大きな家に住み、高級車を乗り回し、優越感に浸ること」ではありません。

人生とは、**「迷い考え、自分で選ぶもの。そして大いに悩み抜き、また傷つき、それでも立ち上がって乗り越えようとするもの。自分から逃げず、誇りを持って感動とともに生きる」**ということです。ただし、これは僕の個人的な定義ですよ。

Q53

どうしたら、人生は楽しくなりますか？

この質問は、先ほどの回答と重複《ちょうふく》する部分があるかもしれません。「人生とは」という質問に対して、**「自分で選ぶものである」**と答えましたね。

僕の周りの親しい人、「学生時代や、子どものころに戻りたいと思いますか?」という質問をしてみました。でも、「戻りたいと思う」と答えた人は15人中、一人もいませんでした。

これは、「現実に、もう戻ることはできないのだから、今を受け入れるしかない」という前提はあるのでしょうけれど、みんなが言うには、**「大人になると、自分で選ぶことができるから」**という理由が共通していました。

もちろん、自分で選んだ結果は、すべての責任を負わなければなりません。でも、選んだ結果、**うまくいってもいかなくても、「自分で生きている」という実感**が持てるということだと思います。僕などは、今でもうまくいかないことの方が多いぐらいですが、やはり「自分で生きている」という充実感があります。

中学生の場合は、「自分で選ぶ」という面において、時期的にも「微妙《びみょう》」な時期でしょう。部活や付き合う友だち、進路などを「選ぶ」ことができる年齢になってきたのですが、人生経験も豊富《ほうふ》ではなく、社会の生きた情報も乏《とぼ》しいので、「選ぶ尺度《しゃくど》や方法」がわからないからです。

じつは、「自由に選んだらいいのだよ」ということが一番難しくて、悩むことでもあるのです。自由というのは、まるで広大なジャングルに、コンパスもなしに一人で放り出されるようなものです。

ですから、学生であるまだしばらくの間は、人生の経験者のアドバイスが必要です。両親や教師、その他きみのことを大切に思ってくれている大人の意見を取り入れることは、欠かすことができないでしょう。

だから、窮屈《きゅうくつ》に感じることが多いはずです。自分で選んで決めたいけれど、自信がない。でも、親からいちいち指図《さしず》は受けたくない。でも、自分一人ではどうすればいいのかわからない。というジレンマに陥《おちい》るのが、中学生からの悩みでもあります。もうこればかりは、どうしようもないものです。

しかし、やがてきみが大人に近づき、人生経験や社会の生きた情報に触れることで、少しずつ「自分で選び、自分で決め、自分で責任を取れる」ことが増えてきます。

何度も言うようですが、うまくいかないことやつらいこと、悩むことはたくさん出てきますが、「自分で生きている」という実感を味わうことができます。それは同時に、

「人生が楽しくなってきた」ということでもあります。

今は、ちょっと窮屈でしんどい時期ですね。でも、近い将来「自分で生きている」という人生の楽しさを味わうために、スポーツや勉強、友だちとの関係や恋愛を、楽しみ悩みながらも、精一杯ぶつかってみてください。

Q54

心理テストの質問（著者注：講演会で使った心理テストに出てきた質問のことです）**で、**
「理想や夢を求めて生きるべきだと思いますか」
とありましたが、
僕は、生きることの理由というものは、
死ぬまでわかるものではないと思うので、
この質問は、間違っているのではないですか？

そのとおりです。生きることの理由というものは、死ぬまでわかるものではありませんし、死んだ後でもわかりません。

それは、もともと生きることの理由などは、存在しないからです。

生きることの理由は、そのつど自分で創るもので、それもまた人生の時期とともに変わっていきます。

だから、人生とは「答えなどない、生きることの意味を訪ね（尋ね）、歩き続けること」でもあります。その「意味」を自分で創造することが「人生」なのだと、前の回答で書きましたね。

そして、ここでは「理想や夢」という話ですが、これもまた個人的なものです。人によって「理想とするもの」も、「夢」もまったく違うはずです。

ある人はメジャーリーガーになりたいという夢を持っているのかもしれませんし、ある人は、バスの運転手になることがその人にとっては夢かもしれません。

また、ある人は、弱者も受け入れられるような優しく温かい社会を理想とし、ある人は、実力がすべての競争社会を理想とするかもしれません。

つまり、「理想」や「夢」というのは、**未来の自分や社会に対する「期待」であり、**

それを僕たちは「希望」と呼んでいるはずです。

希望は、人によって違うでしょうけれど、希望がなければ人間は、生きる力や気力がわいてきません。だって、「未来の自分や社会に、何の期待もしない」人生ほど、無味乾燥なものはないからです。「さあ、がんばっていこう」と思えるのは、その先に期待があってのことです。

だから、僕は個人的には、夢や希望を持って生きるべきだと思いますし、そうでなければ生きることができないと思っています。

さあ、きみは未来の自分や社会にどんな希望がありますか？

Q55

世界で一番大切なものはなんですか?

さあ、この質問も深くてワクワクしますね。ありがとう。また、一緒に考えていきましょう。

まず、**生命の分野《ぶんや》から考えてみると、地球環境あるいは地球そのものが、世界で一番大切**だということになります。

なぜならば、地球が健康な状態であってはじめて、人間や他の動物、すべての生命が生きていけるわけですから。「人の命は、地球よりも重い」と言いますが、生命全体という視点で見ると、やはり地球の方が重いわけです。

ではつぎに、民族という観点で考えると、「自分はその民族の一人である」という誇りになるのかもしれません。民族の歴史や文化、宗教を守るために命を投げ出す人たちが、たくさんいます。**民族にとっては、民族としての誇りが一番大切**なのです。

つぎには、国家という観点で考えてみましょう。国家が良好な状態であるためには、諸外国と良好な関係を保ち、それでも有利になるように交渉しなければなりません。つまり、「国益《こくえき》」を守るということです。そして、国家が健康な状態であるために、内政（政治）を安定させる必要がありますし、経済の成長も欠かすことができません。**国家にとって、国が安定していて、豊かであることが一番大切**なのです。だから、国

Answer55

家を守るために、戦争を通して数え切れない人たちの血が流されてきました。

そして、社会という観点では、一人ひとりの心身の健康と、なかでも子どもや若い人たちの命でしょう。子どもや若い人たちが、つぎの社会を創っていきますので、子どもや若い人たちが健康でイキイキしているということが、20年後、30年後の社会もイキイキしていることにつながります。

だから、**社会にとって、子どもや若い人たちが一番大切**なのです。


つまり、ここまで考えてきたように、**「世界で一番大切なもの」とは、考える立場によってまったく違ってくる**ということです。

そして、「個人」という立場になると、また違ってもくるでしょう。

僕にとって、世界で一番大切なものとは、地球環境であり、民族であり、国家であり、社会でもありますが、「個人的」には妻と二人の子どもです。妻と出会い、恋をして結婚しました。二人で家庭をつくるスタートを切り、僕の人生はより豊かなものになりました。僕にとって、妻はかけがえのない存在で、とっても大切な人です。

そして、二人の子どもに恵まれました。子どもの誕生により、自分たちの命が子どもたちへと続いていく不思議さとすばらしさに感動しました。元気に成長してくれている姿を見ると、愛おしさと豊かさで胸がいっぱいになります。子どもたちは、自分の命を投げ出してでも守りたい、かけがえのない存在です。

さまざまな立場から考えると、「もっとも大切なこと」は、その観点によって常に変化するということです。しかし、「一人の人間として、心情的な、世界でもっとも大切なもの」とは、やはり人生で寄り添って生きる、愛する家族ではないでしょうか。

そう、**きみのお父さん、お母さんが、「世界でもっとも大切なもの」は「きみ」である**ように、です。

Q56

目標はどうやって見つければいいですか？

自分の一番やりたいこと、一番好きなことが目標になれば、すばらしいことです。でも、それが自分でもわからないことが多いものです。

前項でも書きましたが、今の社会は「自由」です。自由だから何でも自分で選べますし、中学生のきみの可能性は、まだ規定《きてい》されるものがないので、いわゆる「無限の可能性」でもあります。このことが、「目標を見つける」ことをたいへん難しくしています。

「きみの可能性は無限なのだよ」とか、「何でもやりたいことを選んでもいいんだよ」などと言われても、あまりにも選択肢が多すぎて、かえって何を選んだらいいのかわからなくなるはずです。

もし仮に、選択肢がごく限られていたなら、ある意味で楽なのかもしれません。たとえば、進学する高校はA校かB校から選びなさい。スポーツはテニスかバスケットのどちらかをやりなさい。職業はコンピュータ業界の中から選びなさい。会社はC社かD社のどちらかにしなさい。このような、可能性が限定された中で生きる方が、迷いは少ないと言えるでしょう。

ただし、きみの才能はそれ以外の世界でより一層引き出され、開花する可能性もあるので、「迷いが少ない」ことが果たしてベストであるかは、わかりません。

だから、「自由」というのは、「無限の可能性」をきみに与えてくれるのと同時に、「選ぶこと」や「生きること」に迷いを生じさせ、たいへん難しくすることになっています。

では、どうすればよいのかということですが、きみのように**疑問を持ち始めたときから、「目標」について意識すること**でしょう。ただし、「自分の最終的な目標」などではなく、**「とりあえず思いつく当面《とうめん》の目標」**です。「最終的な目標」など、40歳を超えた僕でさえわかりません。

僕は今、自分の仕事が大好きで、家族とも幸せに暮らし、充実した毎日を過ごしているつもりです。でも、もっとワクワクするような仕事や生活、人生の目標などが自分の中に出てくれば、いくらでも変わる可能性があります。

だから、目標は時間とともに、経験とともに、人との出会いとともに、いくらでも変わることが前提《ぜんてい》です。「とりあえず思いつく、当面の目標」しかわからないのです。

「このスポーツに、とりあえずチャレンジしてみよう」「まずは、レギュラーポジションを目指そう」「今度の学期末テストでは、このぐらいの成績を目指そう」「A校に入学できたらいいなあ」など、**近い未来の自分について少しイメージ**してみることです。

そして、高校や大学について自分で調べてみるのもよいでしょう。それぞれの学校には特色があって、それがいろいろな未来の自分をイメージさせてくれるものです。あるいは、さまざまな職業について調べてみることです。

やはり、それぞれのすばらしさや、難しさがわかってくると、そこに自分を重ねてみることで、未来の自分をイメージできるかもしれません。

このように、まずは「とりあえず思いつく当面の目標」を実行し、近い未来の自分をイメージしながら、さまざまな可能性に自分を重ねてみることです。

そして、その中で迷ってもよいのです。失敗してもよいのです。迷いながら、失敗の中からこそ、はじめて自分のことがわかってくるからです。

Q57

愛とは何ですか?
愛とは生きる理由ですか?

これもまた、哲学的な質問ですね。明確《めいかく》に答えられるかどうかわかりませんが、チャレンジしてみましょう。

「愛」とは何でしょうか。このことを考えてみるために、まず「恋」について考えてみましょう。

恋は、異性に対して持つ素敵な感情です。相手の容姿にあこがれ、性格にひかれ、声を聴きたくなり、独占したくなり、その人のことが頭から離れなくなります。特に、思春期の恋愛は、激しい感情をともなうだけに楽しくもあり、同時に勉強など何も手につかなくなるぐらいに、苦しくもあります。

そして、ここにあげて見たように、「恋」は容姿、性格、声など相手の「所有しているもの」にあこがれ、魅かれる感情です。つまり、相手の持っている「何か」が、きみの好みに当てはまり、それをいつも自分のものにしたいという思いです。

では、「愛」とは何でしょうか。愛は、恋のように「容姿、性格などの相手が所有しているもの」にあこがれ、ひかれることではありません。

愛は、そのような自分にとって都合のよい条件（自分の好みの容姿や性格）を満たさなくても、相手を受け入れ大切にすることです。

Answer57

つまり、**無条件で相手を受け入れ、大切にすること**です。

「恋」はとても素敵な感覚です。ワクワクし、ドキドキし、舞い上がるような高揚感《こうようかん》がありよす。「愛」は、恋のような高揚感はありませんが、静かにゆったりと、心を温めてくれます。

「恋」と「愛」のどちらがよくて、どちらの方が重要なのかはわかりません。「恋」は、二人をひきつけるためには、欠かすことのできない要素です。しかし、ひきあった二人にとって、つぎに大切なことは「愛」なのかもしれません。

人はみな、欠点や弱点を持っています。最初は、自分の理想に見えていた相手も共に過ごすうちに、今まで見えていなかった部分に嫌でも気づくようになります。それは、自分にとっては都合の悪い、相手の欠点や弱点でしょう。

しかし、それでも相手を受け入れ、大切にしようとすることが「愛」というものです。友だちに対する愛、夫婦愛、家族愛など、私たちは身近な人と分かち合う愛によって支えられています。

誰にでも失敗することはあります。誰にでも欠点や弱点はあります。誰にでも自分のことが嫌になることはあります。誰にでも寂しくてどうしようもなることはありま

Answer57

す。そのようなときにまで、「きみのこの部分がよくないから、もっとがんばらないといけないよ！」と、それでも条件を押しつけられたら、もっと自分のことが嫌になります。

「愛」は、条件を押しつけて、きみに何かを求めてはきません。

「きみが大好き。きみを心から受け入れ、愛しています。なぜなら、きみがきみ自身であるから」（I Love You, Because You Are You）

これは、心理学者カール・ロジャース博士の言葉です。

そう。人には無条件の愛情があるから、失敗や挫折、自己嫌悪や孤独を乗り越えていけるものです。

もちろん、きみのお父さん、お母さんも、きみには「I Love You, Because You Are You」の無条件の愛情が根底にあります。

しかし、きみが社会に出て、一人でも生きていかなくてはならない日が、やがては来ます。だから、愛しているからこそ、そのときのことを思うと、さまざまなことを身につけておいた方が、社会から求められる条件を満たして、受け入れてもらえることがわかっているだけに、「これもしろ、あれもやれ」と〝親ゴコロ〟できみに言うわけです。

つまり、「無条件できみのことを愛しているがゆえに、条件を満たすようにあれこれ言ってしまう」という、逆説的な話になってしまうわけです。おっと、親の言い訳になってしまいました。ごめんなさい。

話を元に戻しましょう。「愛」はなくてはならないかというと、**「愛がなくては、きっと生きていけません」**と僕は言わざるを得ません。

なぜなら、お金があっても、豪邸に住んでいても、ベンツやロールス・ロイスのような車を所有していても、みんながうらやむような美男・美女と結婚していても、「無条件の愛」がなければむなしい人生だと思うからです。

だって、「きみがお金持ちだから、きみがすごい家に住んでいるから、きみがいい車に乗っているから、きみが美男・美女だから」などの理由だけで好かれて、きみ自身を愛してくれないのだとしたら、寂しいはずです。

理由もなく優しくしてくれる友だちがいるから、生きていける。理由もなく気にしてくれる先生がいるから、生きていける。理由もなく愛してくれる家族がいるから、生きていける。それが人というものだと思います。

だから、人は失敗しても、欠点や弱点があっても、自分のことを嫌いになることがあっても、それでも、自分のことを自分で受け入れて生きていけると思います。

だから、「愛とは、生きる理由」かもしれません。

きみにお願いしたいのは、**「だから、理由もなく、友だちや、先生や、家族を大切にしてあげてほしい」**ということです。

Answer57

Q58

自分の存在価値《そんざいかち》って、どうやって見つければいいのですか？

存在価値ということは、**「きみの存在に、何らかの価値がある」**ということですよね。まずは、すでにきみがこの質問をしてくれて、僕が一生懸命に答えようとしていて、何人かでもこの文章を見て読んでくれようとしたなら、きみの存在価値は「すごくある」ということです。だから、「ありがとう！」。

その感謝の言葉は、この質問をしてくれたきみに、まずは贈りたい言葉です。

ではつぎに、「価値」ということについて考えてみましょう。僕は、この質問をしてくれたきみが、この世に誕生してくれたことがもっとも大切な価値だと考えていますが、人によってそれは違うようです。

お金に価値を求める人は、「どれだけ稼げる人が価値のある人か」で判断するでしょう。

容姿に価値を求める人は、「どれだけ美しいか」で判断するでしょう。

地位に価値を求める人は、「どれだけ偉くなったか」で判断するでしょう。

社交性に価値を求める人は、「どれだけ目立つことができるか」で判断するでしょう。

このようなことに能力があって、注目される人が一般的には、「存在価値がある」と言われているところもあるでしょう。そして、その本人も優越感に浸り、自分には

「存在価値がある」という自覚もあると思います。

しかし、「注目され」「優越感に浸る」ことが、本当の「存在価値」ではありません。他人と競争し、他人を押しのけて「勝ち組」になり、お金をたくさん儲けることで優越感に浸ることはできるでしょうけれど、誰かを不幸にしているかもしれません。

若いときは美男・美女でも、内面（人間性）を鍛えておかなければ、年を取ってからは誰も相手にしてくれません。

他人を蹴落として踏みつけ、地位を上げたとしても、人としては尊敬されることもないし、愛されることもないでしょう。他人よりもたくさんしゃべり、注目を浴びて優越感に浸れても、それは自己満足だけで終わるのかもしれません。

だから、これらのことは「存在価値」とは違うということです。優越感に浸れる人が、「存在価値のある人」ではありません。そして、劣等感を抱えている人が、「存在価値のない人」でもありません。

では、人の「存在価値」とはなんでしょうか？　たとえば、きみのことを考えてみましょう。

きみは、ご両親との間に生を受け、この世に誕生しました。きみが無事に誕生したことは、ご両親や兄弟、祖父母やその他の周りの人たちを安心させ、喜びを与え、幸せな気持ちにさせました。

その後も、きみが元気に成長し、その姿を毎日見られることは、ご両親や周りの人たちに喜びを与え、幸せな気持ちにしてきました。そして、現在はきみが健康でいてくれて、もちろんいろいろな悩みを抱えて親に心配させ、あるいは親に反発することもあるけれど、そこにいてくれるだけでも、幸せな気持ちにさせているのです。

だから、**きみがそこにいるだけでも、大きな「存在価値がある」**ということです。

そして、人の存在価値とは、「どれだけ人を幸せにできるか」によって確認できると僕は考えます。妻を、夫を、子どもたちを、どれだけ幸せにできるかが「家庭人」としての存在価値です。

家族の健康を思い、一生懸命においしい料理をつくり、食卓を明るくして幸せな気持ちを演出するのが、「主婦」の存在価値です。仕事を通じて職場の人を助け、組織に貢献し、商品やサービスを通してどれだけの人を幸せにできるかが、「職業人」としての存在価値です。生徒に学習内容を教え、能力を伸ばし、人としての関わりを通して成長させ、生徒の将来を明るく照らし、幸せに寄与《きよ》することが「教師」の存在価

Answer58

値です。悩んでいる友だちの話を聞いてあげ、仲間はずれにされて孤独に打ちひしがれている友だちに声をかけてあげることが、「友」としての存在価値です。

それは、もしかすると誰にも注目されない、きみが関わるその相手しか知らないことばかりかもしれません。「優越感」とは、縁遠いようなことばかりかもしれません。大きなことで、人を幸せにできるに越したことはないでしょう。でも、たとえ小さな、誰にも気づかれることのないようなことでも、「誰かを幸せにできる」ということが本当の「存在価値」なのだと思います。

きみは、そこにいるだけでもすでに、自分でも気づかないうちに、「存在価値」があります。そして、これからは友だちを些細《ささい》なことでも助けて幸せにし、どのようなことで人を幸せにできるかを考えて仕事を選び、努力して知識や技術を身につけて能力を伸ばし、職場の人や顧客を幸せにし、妻や夫を支え、子どもたちを存分に愛して育み、目立たなくてもいいから、多くの人を幸せにしてあげてくださいね。

きみは、人生で出会う人たちを幸せにするために生まれてきたのだ、ということを忘れないでください。それがきみの「存在価値」です。

Q59

優しさとはなんですか?

優しさとは、「相手の心に沿ってあげること」ではないかと思います。

たとえば、電車に乗っていて、きみは座席に座っているとします。ある駅から70歳を超えていると思われるお年寄りが乗ってきました。しばらく様子を見ていたきみは、周囲の目を気にしながらも、勇気を出して座席を譲りました。それはまぎれもなく、きみの優しさから出た行動でしょう。

なぜなら、きみはそのお年寄りを見ていて、前後左右にゆれる車内で、ふらふらとしながらつらそうに立っているお年寄りの「心に沿って」共感し、行動に移すということをしたからです。

しかし、同じような70歳ぐらいのお年寄りでも、若々しいファッションを身につけ、よい姿勢でしっかりとした様子で立ち、表情も涼しげであれば、きみは座席を譲らないかもしれません。

きみのお母さんが風邪を引き、熱を出しているときに、「今日はつらそうだから、洗濯をしてあげよう」というのも、つらそうでたいへんそうなお母さんの「心に沿って」家事を手伝ってあげるという「優しさ」です。

友だちから無視をされ、一人孤独で寂しがっているクラスメートに「大丈夫？　今日は一緒に帰ろうか」と声をかけてあげることは、やはり相手に共感し、「心に沿ってあげる」優しさです。

優しさは特に、**つらいとき、悲しいとき、寂しいときなどに、相手に共感し「心に沿う」ことで、ちょっと先回りをしてあげること**ではないでしょうか。

Q60

信じるってどういうことですか?

信じるとは、「自分の期待している通りになる」ということだと、〝かん違い〟をすることがあるのではないでしょうか。

家族を信じる、友だちを信じる、先生を信じる、自分の未来が輝かしいものになると信じる。私たちはさまざまなことを信じたいものです。

しかし、実際には期待通りにならないことがあります。そのときに、「信じていたのに裏切られた」という表現を使いますが、**信じるとは、「自分の期待通りになる」ことではありません。**

本当に「信じる」ということは、**「期待通りにならない相手や、自分自身を赦《ゆる》し、受け入れる」ということ**です。

「優しい人でい続けてほしい」という期待を相手に持っていても、相手にも事情があって余裕がなく、感情的になって、きみにひどいことを言ってしまうこともあるでしょう。「先生だけは立派な人であってほしい」という期待を持っていても、教師も一人の人間ですから、悩み苦しみ、元気をなくしてしまうこともあります。「自分の親だけは正しい人であってほしい」と願っていても、家族と生活を守るために、仕方なく正しくないことをしてしまうかもしれません。「自分の子どもは優秀であり、有名

Answer60

校に行ってほしい」と期待していても、残念ながら成績が低迷《ていめい》し、希望校に合格できないこともあります。

しかし、このように期待がかなわなくても、「相手や自分を赦し、励まし、支え続けること」が「信じる」ということです。

だから、「信じる」ことも、「信じてもらえること」も、すばらしいことなのです。

Q61

夢をあきらめたら、どうなってしまうのですか？

僕の子どものころの夢は、パイロットになることでした。幼いころには空を見上げ、遠くに飛んでいる飛行機を見ては、自分で操縦《そうじゅう》して大空を飛ぶことにあこがれていました。

そして、小学生になると、つぎには宇宙パイロットにあこがれるようになりました。地球から遠く離れた宇宙空間に行って、宇宙から地球を見たいなあと想像したものです。

でも、中学に進学すると、それまでは問題なかった算数が数学になり、成績が一気に下降しました。数学の成績は、努力しても一向に上がらず、数学への興味は薄れるばかりでした。さらに、健康診断の結果、色弱《しきじゃく》（微妙な色の違いが識別できない）であることもわかりました。

航空機のパイロットになるにしても、宇宙パイロットになるにしても、数学が苦手であることと色弱は致命的であり、夢は断念せざるを得ませんでした。

もう一つのあこがれは、スポーツ選手になることでした。小学生と中学生では、野球をしていました。高校生からはテニスをしましたが、どちらにも大した素質がなかったようで、もちろん全国大会に出たことすらありませんでした。

さて、**夢というものは自分の実力がわかるごとに、崩れていくもの**かもしれません。もちろん、イチローや松坂大輔のように、子どものころからの夢をかなえる人もいますが、それはほんの一握りの人たちです（だからと言って、きみの夢を最初からあきらめることはありません。可能性がある限り、チャレンジすることはすばらしいことですし、そのチャレンジは後に、必ずきみにとってプラスになってかえってきます）。

たいていの人は、夢がかなわず崩れたときに、自分の可能性がひとつ限定されます。しかし、それと同時に「ひとつ自分を知る」ことでもあります。またひとつ夢が崩れて、自分の可能性が限定され、さらにひとつ自分のことを知る。

そのようにしながら、自分のことがわかってきて、「自分は何に向いているのか」「どのような分野で能力を発揮できるのか」「さらにその中で何がやりたいのか」ということが、ようやく見えてきます。つまり、夢が崩れるごとに悩むことは、自分を知り自分をつくっていくプロセスでもあります。

子どものころからの夢がかなう人は、本人の努力も当然あってのことですが、ある意味でラッキーであり奇跡的でさえあります。しかし、夢がかなわずに崩れていく経験を何度もしている人は、生きる中で自分の力で「自分づくり」をして、さまざまな経験を通して人間的にも成長していく人です。

さて、「夢をあきらめるとどうなるのか」という質問でしたね。それは、**夢をあきらめることで一つ自分を限定し、同時に自分を一つ知ること**です。

そして、それを何回か繰り返す中で、自分がどんどん限定されて夢が消去されていくのですが、「残された自分の可能性」や、「今までは気づかなかった自分の可能性」に気づき、新たな現実的な夢が出てきて、それを追いかけるようになるということです。

ちなみに、僕の子どものころや、学生時代の夢は「パイロット」「スポーツ選手」でしたが、今は「カウンセラーとして、一人でも多くの人を支援し、幸せにすること」です。

子どものころには想像することもなかった夢を、今は追いかけて走っています。

Q62

先生は心について、
いつごろから興味がわきましたか？
また、どのような出来事がきっかけとなりましたか？

「心」について興味がわいてきたのは、大人になってからです。子どものころ、「心ってどこにあるのかな」などと不思議に思うことはあっても、あまりまじめに考えたことはありませんでした。

そして、僕は大学でも、専攻は心理学ではなく、外国語学部に在籍し、専攻はイタリア語でしたし、商社マンから社会人のスタートを切りました。

このような自分の過去を振り返りながら考えてみると、深く悩んだことがなかったから、「心」にさして興味を持たなかったのかもしれません。

そして、僕が成長してきた子ども時代や学生時代は、「心」というものにあまり焦点が当たらなかった社会背景もあります。僕が育ってきた時代は、いわゆる高度《こうど》経済《けいざい》成長期《せいちょうき》で、社会人のスタートを切ったころは、バブル経済の入り口でした。だから、世の中全体が浮かれ、物やお金が飛びかい、外面的な豊かさをみなが競い合い、自分の内面（心）に焦点を当てようとしない雰囲気がありました。

当時は、「心理カウンセラー」などという人たちは少なかったようですし、社会から注目を浴びることも、あまりありませんでした。僕自身も、心理カウンセラーの話を聞く機会は、一度もありませんでした。

その後、僕には転職の機会があり、人事教育コンサルタント（会社組織で働く人たちの教育コンサルタント）会社に就職し、働く人たちの「心」に必然的に興味を持つようになりました。

「なぜ、人間関係がうまくいく人と、いかない人がいるのか」「リーダーシップを発揮する人は、どのようなことで優れているのか」「信頼を集め、人をひきつける人は、どんな特徴を持っているのか」など、すべては「心」に由来することばかりです。

これらのことを、仕事として追求するのも興味深いことですし、「では、自分はどうなのか」という自己洞察《どうさつ》にも興味がわいてきました。

そして、社会人になって、数え切れないぐらいの失敗もし、人並みに悩み、自己嫌《けん》悪《お》にもなっていましたので、「どうすれば解決できるのか」という「知りたい欲求」にも駆《か》られるようになっていました。

人には皆それぞれ、「できないこと」がたくさんあります。その「できないこと」のほとんどは、「知らないから、気づいていないから、できない」ことがほとんどです。

これを言い換えてみると、**「知ることによって、できるようになる」**ということです。

心理学を学び、「知る」「気づく」ことによって、人生の中で「できるようになる」

Answer62

ことがたくさん出てきます。そして、心理学を学ぶことは、人が存在するところすべてに役立つので、たいへん応用範囲も広いのです。

だから、「心を学ぶ」ことはとても楽しいですよ。

Q63

先生が思う、理想や正義とはなんですか？

僕が個人的に考えている**「正義」とは、倫理と道徳を守ること**です。そして**「理想」とは、どのような状況でも倫理と道徳を守ること**です。

たとえば、近頃のニュースで「食品の産地偽装《さんちぎそう》」などの犯罪が報道され、世の中をにぎわしています。以前にも、賞味期限切れの食品を、日付を改ざんして販売したスーパーや菓子会社がありましたし、嘘をついて国から補助金を受け取るという「国家に対する詐欺」をしていた会社もあります。

こうした、企業倫理を無視したような行為は、もちろん「正義」からはずれた、決してあってはならないものです。そして、どのようなことがあっても、このような悪くてずるいことをせず、正義を守り通したいものです。

しかし、正義を守らずに不正や違法行為をする人たちは、やむを得ずやってしまった人たちがほとんどです。何の罪悪感もなしに、計画的に悪いことをする「もともと悪人」はほんの一握りです。

ほとんどの人たちは、仕方がなしにずるいことをしているはずです。それは、このままでは会社の利益が減ってきて、場合によっては会社がつぶれて従業員が失業し、その人たちの家族を守れなくなる。あるいは、取引先にも迷惑がかかることになるから、何とかしなくてはいけないなど、「自分や誰かを守るため」に悪いことではあると知りながら、どうしてもやらざるを得なかったということでしょう。

もちろん、それは「理想」とはほど遠い行為です。規則や法律にもかなっていませんから、処分されることになります。

また、国際会議の議題に「地球温暖化を防止する」というテーマがずいぶん前から取り上げられるようになりました。各国に目標があてがわれ、「子孫にこのままの美しい地球を守り伝えよう」という理想に近づくスローガンが唱えられていますが、それに合意《ごうい》しない国があります。それらの国は、正義と理想を承知しながらも、その国の企業の利益を守るためや、国益を守るために合意しないのです。

これらのことは、残念なことです。きみもそのような人や、そのような国があることを知るとガッカリするでしょうね。

しかし、一人の人間として、心情的にはわかる気がします。誰だって、自分や家族、身近な人を何とか守りたいと思いますし、国を守りたいとも思うでしょう。だから、**正義を貫けない人たちも、やむを得ず仕方なしに、理想的な行動をとれない**のです。

だからといって、「正義を貫かず、理想を求めなくてもいい」というわけではありません。何かや、誰かを守るためとはいえ、不正や違法行為をし、理想をあきらめてしまうと、必ず後悔することになります。

「自分に誇りを持つ」という、人間にとってもっとも大切なことを失いますし、堕落《だらく》していくことになるでしょう。そして、最終的には身近な人をがっかりさせて、悲しませることにもなります。

一時はつらくても苦しくても、正義を守り、理想に近づいていきたいものですね。それは、「スゴイことを成し遂げる」ということではないけれど、ちっぽけなことだけど、「誇りをもって生きる」という、人間にとってもっとも大切なことを守るのです。

僕は、それが一番かっこいいと思っています。

Q64

先生はアイデンティティーを獲得していますか？

アイデンティティーとは、難しい表現では「自我《じが》同一視《どういつし》」と言います。つまり、**「自分とは何者か？」という問いに答えること**です。その意味において、現在の僕は、アイデンティティーを獲得できていると思います。

「僕は日本国民です。男性です。林恭弘《はやしやすひろ》という氏名を持っています。平凡でも正義感を持つ両親のもとに生まれ、育てられました。子どものころから身体を動かすことが好きで、上手ではないけれど、今でもテニスや野球、ゴルフをすることが大好きです。

尊敬する妻と、愛する子どもが二人います。妻には誠意をもって接し、ずっと一緒に人生を歩いていきたいと思います。子どもには立派な父ではなくても、正直で愛情深い父であり、彼らが自立するまでは、楽しんで人生を共有したいと思います。

日本メンタルヘルス協会というカウンセリング団体のメンバーであり、カウンセラーと心理学の講師という役割があります。その役割の中で、心理学の知識をわかりやすく、熱意を持って伝えることができます。そして、話を聞いてもらった人に喜んでもらえることもたくさんあります。

すべての人に役立つわけではないけれど、出会う人の役に立つことができていると思います。だから、この仕事が大好きで満足もしています。

これからも、家族や身近な人を大切にし、平凡でも日々の生活や仕事を楽しめるように努力もし、大きな成功を目指すよりも、ちっぽけな正義を守り、一人の人間として成長し続けていきたいと思います。

このようなことを理想とする生き方を、目指していきたいと願っている人間です」

これが、僕のアイデンティティーです。**アイデンティティーとは、人とのつながりと、そこにおける自分の役割、自尊心、自己の価値観、人生観などを意識していることです。**

しかし、アイデンティティーは不変ではありません。人との関係や、そこにおける役割などによって変化します。

中学生だと、これからがアイデンティティーを積み上げていく時期になってきますね。

Q65

最近毎日がつまらないのですが、夢と魔法の国に行ったほうがいいでしょうか？

幕末に活躍した人物に、高杉晋作《たかすぎしんさく》という人がいました。

彼の辞世の句に、「おもしろき　こともなき世を　おもしろく（すみなすものは心なりけり）」というものがあります。僕は、この言葉が好きです。

どの時代も、そして誰でも、日々が、人生がおもしろくなく感じられるときがあるのでしょう。幕末の志士として活躍した高杉晋作でも、きっとおもしろくない時期があったのではないかと思います。それでも、やがては気づいたのかもしれません。「つまらないと言っていては、どんなこともつまらなくなってしまう。だから平凡な出来事の中にも、自分がおもしろいと思えるような受けとめ方をすればいいのだ」。

そして、**「おもしろいことを与えられるのを待つのではなく、自分からおもしろいと思えることを創り出せばいいのだ」**ということなのでしょう。

だから、「すみなすものは心なりけり（すべてはきみの心次第だ）」ということです。

きみの言う「夢と魔法の国」というのがどんな意味で、どこにあるのかはわかりませんが、今、きみが住んでいるこの時代の、この国の、きみの学校に、きみの家庭にも、じつは「夢と魔法の国」があるということが事実です。

それは、「どこか遠く」にあるのではなく、毎日の目の前にもあるということです。それはやはり、**「きみの心次第」**ということです。

中学生ですと、まだ親や社会から守られ、与えられることの方が多いでしょう。だから、家庭や社会の枠の中で生活しなければならないので、自分で何かを生み出すという機会は少ないかもしれません。

でも、自立した大人に近づくにつれて、守られ、与えられる機会はどんどん減ってきて心細い気持ちにはなりますが、逆に**「自分の心次第」で生み出せるおもしろいことがどんどん増えていきます。**

未来に大いに期待していてくださいね。

Q66

大人になって、仕事以外で楽しいと思ったことは何ですか？

仕事が楽しいことは、講演会でも、今までの文章でも触れましたね。もちろん、仕事をしていて苦しいことはたくさんあります。自分に余裕がなくても、仕事には期限があるので、場合によっては徹夜でやらなければならないこともあります。

そして、成果を期待されるので、ものすごいプレッシャーを感じることもあります。好きな仕事だけ選ぶこともできませんので、気の進まない仕事をしなければならないこともしばしばです。

でも、それらのストレスを乗り越えてやり遂げたときは、何とも言えない充実感があるものです。だから、仕事は「つらくて楽しい」というところです。それがまた、自分を成長させてくれます。

そして、きみの質問である「大人になって仕事以外で楽しいことは何か」ということですが、僕の場合は**「すべてが楽しい」**と思っています。

まず、スポーツが好きなので、テニスやゴルフは何とか時間をつくって楽しんでいます。家族が大好きですから、夫婦でたまに二人っきりでランチに行ったり、子どもと一緒によく遊んだりします。また妻にお弁当をつくってもらって、家族みんなでピクニックに行きます。友だちとお酒を飲みながら、いろいろな話をすることも楽しみです。

仕事のためだけではなく、心理学や社会学の書物や情報に触れ、知らなかったことを知ることのすばらしさに、感動することがあります。小説を読み、作家の発想や文章表現に感嘆《かんたん》しながらハマってしまうことが、たびたびあります。

お金をたくさんかける楽しみは、やがて「お金」という精神的負担《ふたん》がかかってくるので、僕はお金をできるだけかけずに、いろいろなことを楽しむようにしています。地味に思えるかもしれませんが、僕にとってはこれらのことが、最高に楽しいと感じています。

「人生はよいことばかりではなく、つらいものである」という考えの人がいます。もちろん、そういう面が人生にはあるのが事実でしょう。でも、僕は**「いろいろあっても、自分の人生を楽しみ、必ず幸せになる」ことに決めていますから、何をしていても楽しめます。**「人生はつらいものだ」という人は、もしかすると、人生を苦しむことを無意識で決めてしまっているのかもしれませんね。

ここでもまた、「おもしろき、こともなき世を、おもしろく（すみなすものは心なりけり）」です。さて、きみはどちらを選びますか？

Q67

思春期というと、
心理学的に見ても不安定な時期だと思いますが、
どういうふうに、その時期を
乗り切っていけばいいのですか?

きみの言うとおり、思春期はとても不安定な時期です。なぜなら、「すでに子どもではなく、でもまだ大人でもない」という時期だからです。つまり、学生までのように、完全に周囲に頼ることも甘えることもできないし、また許《ゆる》されません。

かといって、大人のように自立して生きていけるだけの能力や経験、強さがあるわけではありません。ですから、思春期は子どもでもなければ大人でもないという、「不安定であることが当然」という時期なのです。

そして、「これが自分だ」という自信も持てないこの時期に、勉強やスポーツで他人と競う機会も多く、周囲から比較され、自分でもそのことを気にしてしまいます。また、モテる友だちと容姿の面で、やはり比較しては落ちこむこともあるでしょう。

このように、勉強・スポーツ・恋愛など、よい結果が得られているほんの一握りの人を除いては、誰でも自信が持てず迷う時期です。

また、「他人よりも秀《ひい》でたもの」が見つかっていなければ、この先の進学や進路などにも迷いが出てきて、進むべき方向がわからなくて将来に不安を抱きます。周囲は、「何がしたいのか言ってごらん」と聞くのですが、「やってみたいこと」はいくつかあっても、「これがしたい！」とはなかなか強く言えるものではありません。

なぜなら、ある程度の成功体験とそれによる先々への自信があってこそ、「これがしたい！」と言えるものだからです。

僕自身のことを思い出してみても、思春期が自己内面的にもっとも混乱していた時期だと思います。もちろん、大人になってからの方が、出来事としては大きな転機になるような「一大事」はあります。それでも、自己内面的に迷いの多かった思春期の方が、つらかった記憶があります。

さて、きみの質問に戻りましょう。「思春期というと心理学的に見ても不安定な時期だと思いますが、どういうふうにその時期を乗り切っていけばいいのですか」でしたね。率直に言うと、「うまく乗り越える方法」はありません。

それは、きみもどこかでわかっている上での、この質問だとは思います。ただ、現実にはきみと同様に、また僕の思春期と同様に、「今、どうすればいいんだ」と迷い悩んでいる人がたくさんいるということです。

そして、じつはこの時期に一番大切なことは、人と比較して落ちこみ、あるときには劣等感さえ持ち、自分には何が向いているのか、自分はどんな人間になっていくのかわからなくなり、その中で家族や周囲の人にあれこれ言われ感情的になり、何か全部がうまくいかないような気がしても、**「自分はどうしたいのだろう?」「自分はどうありたいのだろう?」と考えること**しかありません。

そしてもちろん、その答えなどは出ません。**「答えのない問い」を考えることが、じつは「自分づくり」の唯一の方法です。**この世に正解も、不正解もありません。あるのは、**「自分はどう生きるのか」**ということのみです。

子どものときから、ある一つの分野でよい成績をあげることができて、迷うことなくまっしぐらにその道を進んだ人。親や教師のアドバイスに従って、迷うことなくまっしぐらにその方向を進んだ人。このような人は、人生が常に順風満帆《じゅんぷうまんぱん》であればよいのですが、一度つまずくともろく崩れてしまうことがあります。

それは、「ある分野の才能」はあるのでしょうけれど、「人として成熟していない」ために、その才能だけでは解けないような「人生の宿題」を乗り越えていくことができないからです。

人間はうまくいかないこと(失敗)をたくさん体験して、悩み・自分で考え、そして成長していきます。

教育学で言う「人間にとって、もっとも大切な権利」とは、**「失敗できる権利」**です。もし、きみがまだ成功していないのなら、「人として成熟できるチャンスがある」ということです。

そして、成熟していくためには、「自分はどうしたいのだろう」「自分はどうありたいのだろう」という、答えのない問いかけを自分で考え続けることです。

思春期は、子どもでもない、大人でもない、自己内面的に混乱するつらい時期です。そして、**「自立し、成熟した一人の人間になる」ために、答えのない問いかけを自分に発し、「自分づくり」をスタートする時期**です。

このプロセスを通らずに大人になると、「何のために働くのかわからない」「何のために結婚するのかわからない」「何のために生きるのかがわからない」、そんな大人になるかもしれません。

きみが今、一生懸命に悩んでいるとしたら、自立し成熟した、すばらしい一人の人間になるためのスタートを切ったということです。

Q68

他人を傷つけ、地球を汚し、人間っていったい何がしたいのでしょうか?

これは、僕自身の心にも痛い質問です。なぜなら、僕自身もこの世に生きる、今の社会をつくった多くの中の一人の人間だからです。

人間は、大脳の前頭前野《ぜんとうぜんや》がものすごく発達した、すばらしい存在です。大脳の前頭前野は、想像力や創造性を発揮する部位で、これだけ大きな前頭前野を持っている生き物は地球上でも人間だけです。

だから、人間はいろいろなものを組み合わせ（こんなものができたらどうだろう？という想像力）、道具を進歩させ、やがて科学を生み出し（想像力を実現する創造性）、現在に至っています。

今現在、医療の発達、安定した都市生活、便利な交通機関、生活を快適にしてくれる家電製品など、豊かな暮らしを享受できるのは、前頭前野の存在があってこそです。しかし、それとともに前頭前野は、「自我」という心の働きを生み出す部分でもあります。自我というのは、「私という意識」のことです。この自我が強く働くのも、当然私たち人間だけです。

私のえんぴつ、私の顔、私のプライド、私の気持ち、私の意見、私の考え、私の価値観、私の生き方、私の損得……。これらは、人間だけが強く意識するもので、他の動物に意識はありません。
きみが飼っているペットがある日、「私をバカにしたでしょう！　腹が立つわ！」などと怒り出したことはないでしょう。「心が傷ついた」というのは、自我の問題で、他の動物にはありません。

さて、話が少々遠回りになりましたが、人間には「自我（私という意識）」が強く働きますので、同時に「相手」という、自分とは別の存在を分けて意識することになります。そこからじつは、さまざまな人間関係の対立や争い、破壊にも発展していってしまいます。

自分と相手を分ける意識によって、「自分の方が得をしたい。自分の方が勝りたい。自分の意見を押し通したい。自分たちの国を守りたい。自分たちの国を有利にしたい」など、**「自我」があることで、やはり優先順位として、自分を一番大切にしてしまう**からです。

ちなみに、イルカは人間にも勝る記憶力を持っていますが、前頭前野が発達していないために、「自分と相手を分けて意識する」ことがないと言われています。

つまり、「きみと、私」ではなく、「きみが、私」「私が、きみ」であるということになります。イルカ同士は、対立や争いをしませんし、環境を破壊することもありません。それはまさしく、「自他を分けて意識する脳」が働かないからです。

だから、自分以外の仲間や環境を、自分と同じように大切にします。イルカの世界は、何とすばらしい世界でしょう。

でも、これは「イルカが偉い」というわけではなく、脳の機能の違いなのです。しかし同時に、「イルカがこのたび、すばらしい発明をしました」ということもないわけです。

このように、人間は想像力と創造性ですばらしい進歩と進化を遂げてきました。しかし、それを野放しにすると、他人を傷つけ、他国を脅し、互いに傷つけ合い、やがては自分も傷つき、滅びていきます。

それが、夫婦や家族、友だち、会社の人など身近な人間関係のいさかいや、国家間での争い、人間と自然環境に起こっている地球規模の問題まで、すべてにつながっていきます。

だから、大切なのは、想像力や創造性を発揮できる優れた頭脳のための教育だけではなく、他人や環境のことも自分と同じように大切にできる「心の教育」だということです。

「道徳心と倫理観が大切だ」と前に述べましたが、それは、人間同士の調和と地球環境にとっても大切なことだからです。

前頭前野を最大限に発揮しながらも、決して暴走しないコントロールを身につけたときに、人類はもっと進化するのでしょうね。

そして、そうありたいとも思います。

Q69

死とはなんですか？
とっても怖いものですか？

死に対する恐怖は、人間にとってぜひ克服したい大きな課題なのかもしれません。

それゆえに、心理学、哲学、宗教学とも、何百年もその課題に挑《いど》んできました。

死に対する恐怖を克服《こくふく》するのが難しいという例え話をしましょう。


厳しい修行を積んだ高僧《こうそう》が癌《がん》にかかってしまいました。

この僧侶は弟子もたくさん抱え、周囲から尊敬を集めている人です。体調の不良を訴え、入院することになりました。重病であることは明らかで、本人もそのことを自覚しているようでした。そして担当医との話で僧侶はこう切り出しました。

「先生、私は厳しい修行を積み、日夜《にちや》精神の鍛錬《たんれん》を怠《おこた》ることなく過ごしてきました。どのようなことがあっても動じない平静《へいせい》の心を持っております。どうか本当のことをおっしゃってください。やはり私は癌なのでしょう？」

担当医は告知するべきか迷いましたが、相手が高僧であることと、本人のこの話を聞いて告知することにしました。

「はい。残念ながらあなたは末期の癌です」

すると、それを聞いたとたんに高僧は号泣《ごうきゅう》したそうです。

どんな人でもやはり死ぬことは怖いようです。では人間はなぜ「死ぬ」ことがそこまで怖いのでしょうか。ただ闇雲《やみくも》に〝怖い〟と思いこむだけではなく、〝どうして怖いのだろう〟なんて考えてみると、ちょっとは、その恐怖を克服できるかもしれませんね。

僕は担当している社会人対象の講座で聞いてみたことがあります。**「みなさんは死ぬことが怖いですか」**というシンプルな質問です。

それに対して「怖い」と答えた人が大半でした。やっぱり怖いようです。そしてさらに、「なぜ怖いのですか」という問いかけに、

①死に至るプロセス（痛かったり、苦しかったり）が不安だ。
②死ぬと何も感じられなくなり、それがどんな状態か想像がつかないから嫌だ。
③死ぬと、自分の意識や魂がどこに行ってしまうのかわからないのが不安。
④家族や親しい人と会えなくなるのが寂しいから嫌だ。
⑤誰からも忘れ去られるのが嫌だ。

整理するとこれらの5つの理由から、「死ぬことは怖い」というものでした。

まず、①の「死に至るプロセスが不安だ」というのは僕も共感します。死に至《いた》るプロセスの中で、「どんな痛みや苦しさが自分に襲ってくるのだろう」という不安な気持ちは、痛みに弱い僕はやはり怖いという気持ちになります。

でもそれ以外は、僕は個人的にはそれほど怖くはありません。なぜかというと、死んでしまうと間違いなく意識はなくなるでしょうから、見ることも聞くことも感じることもなくなるわけです。

だから、「何も感じることができない」といってもがき苦しむこともなければ、「ここはどこの世界なんだ」と不安になることもないし、「家族と会えないから寂しい」なんて感情もないし、「忘れないでよ」なんて心配もしません。ただあるとすれば、「ただ静かである」ということだけなのでしょう。

だから僕なりの〝死の世界〟は、「不安も、痛みも、苦しみも、怒りも、悲しみもない、ただ静かな世界」です。だから怖くはないなあ、と思っています。

そしてもうひとつ、死に対する恐怖を私たちが持つ理由は、「天国と地獄がある」というストーリーによるものかもしれません。つまり〝死後の世界〟に対する不安です。子どものときから、「よい行いをしていると、死んだ後は天国に行ける」、「悪い行いをすれば死んだ後は地獄に落ちる」というようなことを聞かされました。でもそれは、おそらく宗教上のフィクションで、事実かどうかは誰にもわかりません。

つまり、〝死後の世界〟なんてものは、「あるのか、ないのか」なんてわからないもので、わからないことをさまざまな想像を働かせて、勝手に怖がっているだけのことなのかもしれません。

お釈迦《しゃか》様も、「わからないことは、しょせんわからないのだから考えるな」と言っています。じつは仏教をつくって伝えたとされるお釈迦様は、宗教家ではなく「哲学者」だったのですよ。「人々が心やすらかに生きるための哲学」を研究した人であって、その成果をあとで誰かが宗教に仕立て上げてしまったようです。

だからお釈迦様は、「死後の世界がある」とか、「天国と地獄がある」なんてひと言も言っていないようです。

「わからないことは、わからないのだから考えてもしょうがない」というのは、僕も大賛成です。だから僕は死ぬことを怖いとは思いません。〝死〟は、やはり「ただたただ静かなだけ」なのです。

でもね、一つだけ。それは④の「家族や親しい人と会えなくなるのが寂しいから嫌だ」ということです。

みんなと同じように、僕にも両親がいます。姉妹が二人います。大切な親友がいます。仕事で力をあわせてがんばっている大切な仲間がいます。そして愛する妻と、大好きな子どもが二人います。

離れたくない！　別れたくない！

いつも一緒に居たい！　触れていたい！

話していたい！　たまにはケンカしてもいい！

抱きしめていたい！　抱きしめていたい！　抱きしめていたい！

やっぱり離れたくない！

だからやっぱり死ぬのは嫌だ！

だからやっぱり死ぬのは怖い！

Answer69

ごめんね。この質問を、みなさんが中学2年生でいる時期の最後の質問と回答にしようと思って、だからかっこうよく、「死は怖がることはないよ」なんてしめくくろうと思っていました。

でもこの文章を書いているうちに気づかされることがたくさんありました。

そして「死ぬことは怖い」ということにもあらためて気づかされました。そしてじつは、これを書きながら涙を流してしまいました。だって、大切な、大好きな、愛する人とやっぱり別れたくないから。離れたくないから。

だから、だから、みんなも生きてください。

思うような成績がとれなくても。

スポーツで一番になれなくても。

好きな人にフラれても。

たくさんの失敗をしても。

ぜんぜんうまくいかなくても。

命ある限り精一杯に生きてください。

きみがそこにいるだけで、幸せな人がたくさんいます。

Answer69

あとがき① 14歳のきみに

さまざまな14歳のきみたちの質問に答えてきました。

それは僕自身にとっても、人間関係を、生き方について、自分自身について考える機会になり、とても貴重《きちょう》な体験でした。

でも僕が答えた文章の内容は、正しいことを書けたとも、りっぱなよいことを書けたとも思えません。

なぜなら人間関係には、人生には、自分のあり方には、**正しいことも間違っていることもない**からです。

ただあるのは、**「きみが自分で決める」**ということだけです。

だからきみは僕の書いた文章を読んで、「そうそう」と思うこともあればそれでいいし、「それは違うんじゃないの」と思えば大いに批判してもいい。

とにかくきみが自分で考えてみる機会になったなら、最高にうれしく思います。

正解がない問いを考えることは、とても難しいことだと思います。

でも本当は、それが「きみがきみらしく生きる」ただ一つの方法です。

これから大人になっていくきみが、きみらしい歩み方を見つけることを、心から願っています。

あとがき②　大人のあなたに

じつはこの本を出版した目的は、「中学生に、自分について考えてほしい」ということが一つでした。

もう一つの目的は、お父さんやお母さん、学校の先生、そして彼らを取り囲む大人であるあなたと、「彼らを育もうとする自分について」一緒に考えてみたかったからです。

思春期にいる彼らは、「もう子どもではなく、でもまだ大人ではない」日々の中に生きています。

自分がどういう人間なのか定まらないこの思春期が、その後の人生にとってかけがえのない経験になる時期でもあります。

彼らはその中で大いに迷い、混乱することでしょう。

すぐそばから見ている私たち大人は、彼らが悩む姿を見続けることが、自分にとってのストレスになるはずです。

なぜなら彼らのことを大切に思っているから、見ていてつらくなるからです。

しかし彼らに答えを与えることで、自分はそのストレスから逃れてはいけないのだと思います。

大切なことは、答えのない問いを、彼らと共に考え続けることではないでしょうか。

この本があなたと、思春期を生きているあなたの大切な人とのコミュニケーションの材料になれば、これほどうれしいことはありません。

『とにかくおもしろい！』

カウンセリング・スクールの案内

本著者・林 恭弘が所属する、日本メンタルヘルス協会では、東京・名古屋・大阪・福岡にて、カウンセリング・スクールを開講しています。

著者の師でもある、日本メンタルヘルス協会代表・衛藤信之先生の開発したプログラムは、楽しくわかりやすく、感動しながら学べる実戦的な内容です。

心理学を学んだ経験のない方も安心して参加してください。

◎体験ゼミナール常時開講中
「より良い人間関係を築く心理学」

各地にて、およそ５週間に一度開講中です。お近くのエリアにてお気軽にご参加ください（ご参加の際には予約が必要になります）。

◎基礎コース・前編（４講座）
①相手の心を開く話の聴き方
②自分の心を知る心理学
③相手の行動を気持ちよく変えるコミュニケーション
④日常生活ですぐに役立つカウンセリングの紹介

他、基礎コース・後編（8講座）、総合心理学研究コース（27講座）があります。

詳しくはお問い合わせください。

フリーダイヤル　0120-822-564

東京　（東銀座）：03-3546-8225
名古屋（名　駅）：052-961-6480
大阪　（心斎橋）：06-6241-0912
福岡　（博　多）：092-432-3001

HP：www.mental.co.jp
Mail：info@mental.co.jp

◆著者略歴

林 恭弘（はやし・やすひろ）

1964年生まれ。兵庫県宝塚市出身。日本メンタルヘルス協会心理カウンセラー・講師。幼児教育から企業を対象とする人事・教育コンサルタントまでたずさわった後、現日本メンタルヘルス協会代表衛藤信之氏に師事。カウンセリング活動の他、東京・名古屋・大阪・福岡での同協会主催の心理学ゼミナール講師、企業・学校・各種団体を対象とした講演会・研修会講師として活動。「活力ある社会と、優しい家庭を創造する」をテーマに、日常生活に実践的ですぐに役立つ心理学を紹介する。著書に『ほっとする人間関係』、『落ちこみグセをなおす練習帳』、『「わたしの生きる道」を見つける練習ノート』、『ちょっとした一言で相手が動く夫婦の心理テクニック』、『ビジネス心理学1モチベーション』『「落ちこみグセ」をなおす方法』（以上、総合法令出版）、『クレーマー時代のへこまない技術』（阪急コミュニケーションズ）、『「なまけ心」に効くクスリ』（ソフトバンククリエイティブ）、『プロの聞く技術が身につく本』（PHP研究所）、『これでゲームに強くなる！テニスメンタル強化書』（中山和義・共著／実業之日本社）がある。

どうしたら、人生は楽しくなりますか？
14歳からのメンタルヘルス

2009年 4月10日　初版発行

著　者　林恭弘
発行者　野村直克
発行所　総合法令出版株式会社
〒107－0052　東京都港区赤坂1-9-15 日本自転車会館2号館7階
電話　03-3584-9821（代）
振替　00140-0-69059

印刷・製本　中央精版印刷株式会社

落丁・乱丁本はお取替えいたします。

ISBN978-4-86280-137-1

総合法令出版ホームページ　http://www.horei.com